MONTESSORI LAB
AT HOME

蒙台梭利
家庭教育实用手册

[意]基娅拉·皮洛迪　著　刘璇　译

SPM
南方传媒　广东人民出版社
·广州·

图书在版编目（CIP）数据

蒙台梭利家庭教育实用手册 /（意）基娅拉·皮洛迪著；刘璇译. —广州：广东人民出版社，2023.3
ISBN 978-7-218-16044-3

Ⅰ. ①蒙…　Ⅱ. ①基…②刘…　Ⅲ. ①家庭教育—儿童教育　Ⅳ. ①G781

中国版本图书馆CIP数据核字（2022）第188846号

MENGTAISUOLI JIATING JIAOYU SHIYONG SHOUCE
蒙台梭利家庭教育实用手册

［意］基娅拉·皮洛迪　著　刘璇　译　　　　　版权所有　翻印必究

出 版 人：肖风华

责任编辑：陈泽洪
责任技编：吴彦斌　周星奎

出版发行：广东人民出版社
地　　址：广州市越秀区大沙头四马路10号（邮政编码：510199）
电　　话：（020）85716809（总编室）
传　　真：（020）83289585
网　　址：http://www.gdpph.com
印　　刷：北京尚唐印刷包装有限公司
开　　本：787毫米×1092毫米　　1/16
印　　张：10.25　　　字　　数：108千
版　　次：2023年3月第1版
印　　次：2023年3月第1次印刷
定　　价：49.80元

如发现印装质量问题，影响阅读，请与出版社（020-87712513）联系调换。
售书热线：（020）87717307

目录

引言

教育孩子是项挑战，至关紧要，同样也错综复杂。现如今供孩子们进行练习、提高其认知能力的激励因素可谓种类繁多。但是，助力成长的最佳方式是什么？哪些工作材料最适宜？对孩子而言何种教育方法最有效呢？

玛丽亚·蒙台梭利对幼儿教育的真正要义进行了反思，并提出了独创的教育法。人们认为该教育法对社会带来的价值难以估量，意味着人们有机会营造一个更加美好和平的世界。

"儿童赋有某些不为人知的力量，为他们开启通往光明未来的门户。如果我们的目的诚然是重塑世界，那么教育的目的一定就是开发人们的潜能。"在认知和情感方面，儿童拥有无限的潜能，如果在信任、尊重及无条件的关爱的关系中培养孩子，那么他们的潜能就会充分彰显。

蒙台梭利说过，明智的家长知晓自身的局限性及拥有的资源，知道怎样与自己的孩子打交道，他们是不失耐心的观察者、成功权威的示范者、富有爱心的引导者，因此能为孩子营造出最适宜的条件，以培养他们的信心、自我效能感[1]及独立自主性。

受蒙氏教育法诸原则的启发，本书旨在打造一部实用指南，1～5岁孩子的家长从中可以寻得一些趣味盎然的提示及切合实际的建议，从而开展室内外活动，意在最大程度上提升孩子的潜力，鼓励他们独立自主，充满自信。简要归纳蒙氏教育法的缘起及内容后，家长们收获一些建议，如何识别自己孩子的学习门户，在群体活动中应采取何种态度，提议创建哪些类型的趣味活动，如何在已投放市场的游戏中运用蒙氏教育法的诸原则，如何创建满足孩子需求的家庭氛围等。

因为添加了具体的案例、诠释的插图，及在所有家庭中简易操作的小建议及攻略，使其融入日常生活，蒙氏教育法便能人人适用，简单易行。

1　自我效能感（sense of self-efficacy）是指个体对自己是否有能力完成某一行为所进行的推测与判断。这一概念是美国著名心理学家班杜拉于20世纪70年代在其著作《思想和行为的社会基础》中提出的。影响自我效能感形成的因素主要有个人自身行为的成败经验；替代经验；言语劝说（verbal persuasion）；情绪唤醒；情境条件。——译者注（后文注释均为译者注，不再一一标注）

历史背景

$\sim \mathcal{C} \sim \mathcal{C} \sim$

蒙台梭利
及全新教育法的诞生

1870 年 8 月 31 日，玛丽亚·蒙台梭利出生于安科纳地区的基亚拉瓦莱。她是意大利最早获得大学医学博士学位的女性之一，兴趣广泛，意志坚定，才华超群，热爱科学研究。她从事过教育学、神经精神病学及人类学方面的研究，她始终秉持进步思想。她一直投身社会文化问题的前沿阵地，致力于维护社会最贫困阶层及妇女权利的事业。她是捍卫女性解放和和平宣言的斗士，从不偏袒任何政治阵营。相反，她向政治领袖发表演说，介绍能够推动社会进步的观点及革新的解决方案。

她求知若渴，积极主动，对社会和政治问题极为敏感，对待儿童关爱有加，这一切促使她行遍欧洲及美国的广大地区，终其一生开展研究调查，从而留下大量的知识文化

遗产，向全人类普及儿童教育法。

蒙台梭利生活在一个天主教中产阶级家庭，她接受了复兴运动的自由主义思想，支持反对极权主义的斗争。她的父亲亚历山德罗·蒙台梭利原籍费拉拉，是财政部的一名官员。她的母亲雷尼尔德·斯托帕尼来自马尔凯的一个小地主家庭，母亲的叔叔安东尼奥·斯托帕尼是她生命中最重要的人物之一，他是一位致力于证明信仰与科学可以并存的修道院院长和科学家。年轻的蒙台梭利效法安东尼奥·斯托帕尼，在他的激励下从事研究，求知若渴。

童年期间，她往来于佛罗伦萨与罗马，1875 年与家人定居于罗马。她随即显现出对学习和知识学科的浓厚兴趣，最初关注的是工程学。

◀ 1951 年，蒙台梭利与伦敦一所学校的年轻学生在一起，当时她的教育法业已取得成功，在国际范围内广泛传播。

▲ 一幅美国蒙台梭利学校日常生活的平静画面。1912年，美国蒙台梭利学会业已成为一个体制健全的机构。

基于这个原因，1883年到1886年期间，她全心投入技术研究，结果很快发现这种选择并非她的志趣。毕业后，她与父亲发生了第一次冲突，父亲希望女儿从事教师行业。不幸的是，父亲的计划与齿少气锐的玛丽亚的兴趣相悖，因为她渴望的是献身生物科学。

然而，当时的医学院不招收来自传统学院的学生。因此，她不得不于1890年考入理学院，两年后再转入医学院。没过多久便才华尽显。

她以优异的成绩完成学业，成为第三位获此学术成就的意大利女性，这种殊荣一直以来为男性学生垄断。

1895年获得医学学位后，她遇到了她的同事朱塞佩·蒙特萨诺，后来他们有了一个儿子马里奥。这次邂逅令她做出决定，在罗马大学精神病院专攻神经精神病学，自此开启她作为研究科学家的研究进程。最初她在罗马最贫困的社区专攻细菌与疾病方向，随后研究精神疾病。

大约在1900年，她开始在圣玛丽亚·德拉·皮埃塔的罗马精神病院开展研究，该院

2

收治的残障儿情绪剥夺[1]病况严重，还有成年病患患有精神疾病。蒙台梭利将满腔博爱与深切的人文关怀奉献给这些孩子，她很快便意识到，精神病院采纳的教育法不能满足那些儿童的需求，不符合他们的心理生理能力。

因此，她开始对智力障碍儿童产生浓厚的兴趣，在让·马克·加斯帕尔·伊塔尔（Jean Marc Gaspard Itard）[2] 还有爱德华·塞甘（Edouard Séguin）[3] 的作品中寻求助力，他们是她最大的灵感来源。

---

1 情绪剥夺（emotional deprivation）是指人们正常体验情绪的机会被剥夺。既体验不到愉快情绪的体验，如好奇、喜悦、快乐和愉爱等，也体验不到不愉快的情绪，如生气、害怕、猜忌等。在情感剥夺的环境下成长的孩子是"情感饥渴"的，他们不仅得不到爱，而且缺乏助长情感和爱的亲密的社会关系，严重影响儿童的身心健康与发展。

2 让·马克·加斯帕尔·伊塔尔（Jean Marc Gaspard Itard）（1774—1838），出生于法国普罗旺斯。法国大革命期间曾担任军医，随后成为军事医院的外科医生，并于 1799 年被任命为国家聋哑人研究所的医生。1821 年，Itard 发表了一部关于耳科的重要著作，根据 170 多个详细病例描述了他的医学研究结果。他因发明了咽鼓管导管而受到赞誉，该导管有时被称为"Itard 导管"。1825 年，他描述了一位患有妥瑞氏症女性的状况，这是有关妥瑞氏症的最早记载。他最著名的事迹是曾经收养过一位叫作维特（Victorof Aveyron）的野男孩，这个男孩是被人从森林中捕捉到的。伊塔尝试施予教育训练，虽然最后未能成功，但是对日后特殊教育有深远的影响，堪称启智教育的先驱者，并影响蒙台梭利的教育理念和方法。

3 爱德华·塞甘（Edouard Séguin）（1812—1880），法国出生的美国精神病学家，开创了现代教育方法来教授严重智障人士。他与心理学家让·马克·加斯帕尔·伊塔尔（Jean Marc Gaspard Itard）一起工作。1839 年，他为严重智障人士开设了世界上第一所学校，在那里他开发了一种治疗方法，后来被广泛接受。基于当时的革命性前提，即智障人士既没有患病也没有大脑异常，只是出生时或出生后的智力发育停滞，因此治疗包括感官训练，旨在让患者尽可能地在社会中发挥作用。

与此同时，争取公民权利和反对社会掠夺的政治斗争正在世界范围内蔓延。蒙台梭利对妇女解放萌生兴趣，并于 1896 年参加了第一届国际妇女理事会就妇女权利问题在柏林召开的大会。

终其一生，她不断为争取妇女权利而斗争，始终置身于女权抗议和会议活动的最前线。1898 年 3 月 31 日，她秘密生下了儿子马里奥，缔结了她与蒙特萨诺的良缘。因为不被科学界认可，他们的关系在很长一段时间内处于秘密状态，也因此不得不秘密产子，并将儿子送往寄养机构。直到 1913 年，她才重新获得监护权。

1898 年 9 月，蒙台梭利参加都灵举办的教学会议，于会上发表了关于医学与教育学相互关系的重要演讲，首次谈及心理问题儿童的特殊教育，试图引发公众对这一话题产生兴趣。

她得偿所愿。1906 年，她为居住在罗马新议会公寓楼内的工人阶级的孩子开设了一所幼儿园。由此第一所儿童之家（Children's Houses）应运而生，蒙台梭利的教育经验付诸实践。1907 年 1 月 6 日第一所儿童之家开办，同年 4 月 7 日开办了第二所，1908 年她忠实的学生安娜·玛丽亚·马切罗尼（Anna Maria Maccheroni）在米兰又开设了一所。这种全新学校结构的组织和布置方式，使儿童感觉到这里仿佛是自己的空间，因此得名"儿童之家"。

墨西拿和雷焦卡拉布里亚发生可怕的地震之后，1908 年第四所儿童之家在罗马开办，设在玛利亚方济各传教女修会附近，用于安置孤儿。在这里他们引入了日常实践活动，随后成为蒙氏教育法的核心内容。

所有这些经历促成了蒙台梭利于 1909 年撰写的第一部也是最为重要的著作《蒙台梭利方法：应用于儿童之家幼儿教育的科学教育方法》（*The Montessori Method : Scientific Pedagogy as Applied to Child Education in " The Children's Houses"*）的诞生。这本书在全世界取得巨大成功，经久不衰，该书用创新的概念和革命性的方法展开讨论，例如通过有机工作材料进行感官教育[1]，肯定了儿童的自由性及尊重儿童，反对教师通过奖惩向学生传授知识的教育实践。不同于包括阅读和背诵在内的传统方法，蒙氏教育法通过使用实体工作材料推动幼儿学习，因此效果极佳。

1910 年，蒙氏教育法首次引入至小学，1920 年扩展到低幼儿童范围。于是蒙台梭利创办了两处不同的教育场所：面向 2～15 个月婴幼儿的幼儿园，以及面向 15 个月～2 岁半儿童的儿童社区。

蒙氏教育法很快蜚声海外，几位美国教育工作者首先来到意大利，参观儿童之家，随后在美国进行重建。

蒙台梭利著作的纸质出版物在 58 个国家发行，翻译成 36 种语言。不久，基于蒙台梭利教育法的教育者协会成立，其中最早建立的协会有苏格兰蒙台梭利学会、英国蒙台梭利学会及美国蒙台梭利学会。意大利蒙台梭利协会也于 1916 年成立。

1915 年，因为她的学生马凯罗尼在巴塞罗那开设了一所儿童之家，所以蒙台梭利定居在西班牙。在加泰罗尼亚生活期间，蒙台梭利将其教育法运用于天主教教育之中，其影响巨大，以至于在巴塞罗那的蒙台梭利示范学校专门为婴幼儿建造了一个幼儿专用小教堂。随后，她撰写了更多著作，论述灵性在教育法中的作用。

1922 年，蒙台梭利被任命为意大利蒙台梭利学校的校监，蒙台梭利教育法被引入至那不勒斯的 20 所小学。

在意大利日益崛起的法西斯政权，起初对蒙台梭利的活动表示认可支持，赞赏它在国外引起的关注。事实上，秦梯利提倡的教育改革[2]展望了在学校应用蒙氏教育法的可能性。墨索里尼亲自联系了她这位教育家，并向她保证给予支持。蒙台梭利研究所成立，总部设在罗马和那不勒斯，致力于授权出版书籍及建立新学校，制造学校必需的"蒙台梭利教材"，组织教育工作者学习的课程。

1　感官教育（education of the senses）是指通过对感觉器官的训练，发展和提高幼儿感知能力的教育。培养幼儿的视觉、听觉、触觉、嗅觉能力。

2　秦梯利（Giovanni Gentile）（1875—1944），意大利哲学家，新黑格尔主义者，倡导行动唯心主义，曾任意大利法西斯政府教育部长，主持了 1923 年意大利教育改革。具体措施：颁布《教育法》，规定初等教育由幼儿教育、小学教育和职业预备教育构成。6～14 岁为义务教育阶段。有三种中学（补习学校、中等职业学校、文科中学）与小学相衔接。

▶ 20 世纪 20 年代，园艺和照顾小动
物是蒙台梭利学校的创新教法，教
授低幼儿童热爱大自然。

国际蒙台梭利协会（AMI）成立于1929
年，总部位于罗马，得到了诸如西格蒙德·弗
洛伊德（Sigmund Freud）[1] 和让·皮亚杰（Jean
Piaget）[2] 等知名人物的支持。

不过蒙台梭利的梦想无法与极权时代并
行不悖。对自由的向往难以遏制，和平的意
向普世结存，这些根植于蒙台梭利教育法核
心的内容，在纳粹政权看来愚蠢透顶。政治

和文化危机相继爆发，意大利和德国的蒙台
梭利学校均被关闭。1935年，国际蒙台梭利
协会（AMI）总部不得不迁至阿姆斯特丹。身
处西班牙的蒙台梭利与她的儿子寻求庇护，
在那里她继续秘密地出版她的著作。1934年，
在巴塞罗那生活期间，她将其在罗马创办学
校中的经验成果整理成册，公开出版，涉及
教育法、代数教学心理及几何教学心理学。
意大利语译本《家庭中的儿童》[*Il bambino in
famiglia（The Child in the Family）*] 于1936年
问世。同期出版的还有法文版的《童年的秘密》
（*The Secret of Childhood*），1938年方在瑞士出
版了意大利语译本。

1936年，西班牙内战的爆发迫使蒙台梭
利一家再次搬迁，先是移居英国，随后移居
荷兰；1939年，他们前往印度。在这里，她

---

1 西格蒙德·弗洛伊德（Sigmund Freud）（1856—1939），
  奥地利精神病医师、心理学家、精神分析学派创始人。他开
  创了潜意识研究的新领域，促进了动力心理学、人格心理学
  和变态心理学的发展，奠定了现代医学模式的新基础，为20
  世纪西方人文学科提供了重要理论支柱。
2 让·皮亚杰（Jean Piaget）（1896—1980），瑞士人，近代
  最有名的幼儿心理学家。他的认知发展理论成了这个学科的
  典范。皮亚杰对心理学最重要的贡献，是他把弗洛伊德的那
  种随意、缺乏系统性的临床观察，变得更为科学化和系统化，
  使日后临床心理学上有长足的发展。

位于柏林的这所蒙台梭利学校中，有关字母和词汇组合的学习借助于可触教具完成，其用途与第 60 页所述教具相似。

再次邂逅甘地（Gandhi）[1]，此前在伦敦时她已经结识甘地，并与他分享了自己的观点，即必须改变社会，引导社会走向和平。在印度，蒙台梭利为印度教师开设课程，并有机会置身于印度文化中，亲近自然。受此启发，她形成了一个全新概念：宇宙教育（cosmic education），旨在点燃火种，增长知识，逐渐热爱自然、动物、和平及生命本身。因此，她在可能的情况下将园艺及照顾小动物引入蒙台梭利学校。

第二次世界大战的爆发迫使蒙台梭利滞留印度，在那里她继续研究新生儿的发育及儿童心智的发展。1947 年她出版了著作《如何发挥人类潜能》（*How to Bring Out Human Potential*），1949 年出版了著作《吸收性心智》（*The Absorbent Mind*）。

---

1 甘地（Gandhi）全名莫罕达斯·卡拉姆昌德·甘地（Mohandas Karamchand Gandhi）（1869—1948），尊称"圣雄甘地"（Mahatma Gandhi），印度民族解放运动的领导人、印度国民大会党领袖。他把印度教的仁爱、素食、不杀生的主张，同《圣经》《古兰经》中的仁爱思想相结合，并吸收了梭伦、列夫·尼古拉耶维奇·托尔斯泰等人的思想精髓，逐渐形成了非暴力不合作理论。甘地是印度国父，也是提倡非暴力抵抗的现代政治学说——甘地主义的创始人。他的精神思想带领国家迈向独立，脱离英国的殖民统治。他的"非暴力"的哲学思想，影响了全世界的民族主义者和争取能以和平变革的国际运动。

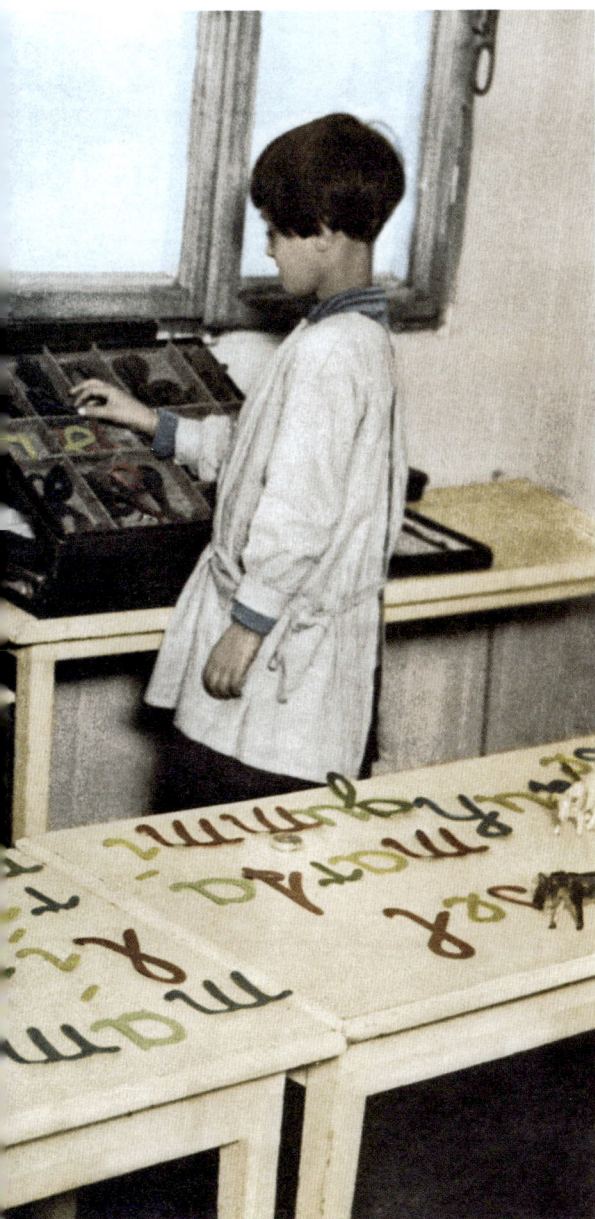

1947 年，战争刚一结束，蒙台梭利便回到意大利重组蒙台梭利协会，重新开办蒙台梭利学校。虽然继续环游世界，但她还是主要居住在阿姆斯特丹。她声名远扬，学术成就登峰造极，甚至获得了诺贝尔和平奖提名（她撰写的关于和平教育的著作，汇编在 1949 年米兰出版的《和平教育》卷中）。

1952 年 5 月 6 日，她在荷兰的诺德韦克溘然长逝，葬于当地的天主教公墓。

无论是何种文化或宗教，蒙氏教育体系已是全球公认的极具价值且富有成效的教育讲授方法。据估计，全球约有 65,000 所蒙台梭利学校和研究机构。

美国有 4,500 所研究机构，而在亚洲，从土耳其到沙特阿拉伯，从印度到中国，从泰国到越南，从韩国到日本，蒙台梭利学校遍布整个大陆。在非洲，摩洛哥、塞内加尔、尼日利亚、坦桑尼亚、纳米比亚和南非，蒙台梭利学校数量众多。欧洲也有大约 2,800 所学校，几乎分布在各个国家，包括俄罗斯等东欧的几个国家。这些学校必然也广泛存在于盎格鲁－撒克逊和斯堪的纳维亚国家，因为这些国家一直非常重视儿童教育在社会中的作用。

然而，在意大利的蒙台梭利学校却为数不多，仅有 200 所。

蒙台梭利的观点

新型教育法

教育的宗旨必然是辅助开发人类个体中与生俱来的内在灵性力量。

蒙台梭利无疑是教育学领域重大文化变革的先驱。她的目标是实现人类自身的转变，发端于伊始，即从儿童教育方式着手。由于秉持实证为上的态度，在直接观察和客观反馈的基础上，她尽力推广科学的教育法。从开展人类学研究和实验心理学起步，大部分时间里她都在观察儿童及其自我发展，认为"科学的教育学的根基应该是一所允许儿童直抒己见、生机勃勃的学校"。

蒙台梭利引起人们对社会变革的关注，旨在恢复人际关系，尤其是被极权制度破坏的人际关系。她的心路历程建立在社会存在压迫的观念基础之上，当时的社会毫无言论自由的空间，也不相信顺其自然地实现人类发展，而是期望用误导信念操纵这一切，束缚民众，引导民众。她坚信，当时盛行的教学方法会"扼杀损耗生命的自然活力，闭塞儿童本能创造力"。

因此，她的思维方式不仅仅是一种方法，也是一种真正的教学法，旨在推动人类的转变，相信用关爱、尊重个性及自由来培养长大的孩子，可以成为有责任心、值得信赖的成年人，能够重新认识道德价值观。

人生行者

"一个人自呱呱坠地就开始受到人格的影响。这一论断得出的结论似乎有些怪诞：人一出生就应该开始接受教育。"

我们先来思考一个问题：我们有多少人曾想过，新生儿是否已经可以被视为独立个体，拥有灵性的世界，具有思想，富有天分，对环境及生命力好奇不已？对于某些人来说，也许这一概念有悖潮流；即使在今天，人们还是倾向于认为婴儿只不过是一个柔软、可爱的肉团，按照我们的生活习惯和需要，给他们洗澡喂食，喜欢睡觉，几乎就像一只需要训练的小狗。

然而，一个世纪前，蒙台梭利的愿景迥

然不同，儿童成为社会的中心，成为深刻文化反思的受益者。她不认同新生儿毫无作为的观点，认为甚至自最初诞下生命的数小时起，婴儿便就具有显著的灵性力量。"每一个降临世间的人，不仅是一具肉体，还拥有隐蔽的功能，这种功能并不隶属于生理器官，而是取决于天性。"

她深信儿童拥有一个被禁锢的灵魂，它不断努力想要显露踪迹，引起关注，成长强大，将生命射入身体的不同部位，从而形成运动，这一点对学习而言至关重要。

蒙台梭利的理念揭示了幼儿早期教育研究的重要性。先前的教育学认为，儿童"本身在社会中毫无存在感"，娇弱无力，因此需要成年人的辅助。蒙台梭利观察的情况正好相反，生命的最初三年奠定下孩子未来长大

成人的基础。儿童的至善美德及出众天分在喜闻乐见及自然发展的环境中熏陶成性。儿童赋有吸收性心智，即具有从他们自己的切身体验中快速直接地汲取经验的心智能力，从而形成动作行为模式。

因此，蒙氏教育始于婴儿与父母的初次见面，始于他们第一次探索世界，此时的行为完全出于自发本能，仅仅受到自然法则的影响。如果成年人停下来观察新生儿，他们就会发现众多稍纵即逝的机会，而把握这些机会，营造良机，应该是他们的责任。

儿童天生渴望探索周围的环境，出于本能地置身其中。"孩童就像一个人生行者，"蒙台梭利说道，"他环顾周围呈现出的新事物，努力尝试理解周遭众人使用的陌生语言，自然而然竭尽全力地去理解，去模仿。"

纪律约束下的自由教育

"人为原因而安静下来的个体，未必就是遵守纪律。这样的个体被抹杀了个性，而不是遵守纪律。"

蒙台梭利的观点乍听起来难以厘清头绪，不易让人认同，因为它似乎与所属文化多年来传达给我们的内容相冲突，它将教育诠释为某种权力游戏，游戏一方是负责传授知识的成年人，即教育者，另一方是尚未定型、具有可塑性的个体，亦即接受教育的人。

然而，根据蒙氏教育法，教育并非靠教师教条化地生搬硬套，而是在所处环境中，借由自然而然的体验展现出来的水到渠成的过程。

蒙台梭利坚信孩童需要自由，这是发展儿童与生俱来的创造力必需的条件，但却受到社会规则及成年人不断介入的压制。这种自由激发了责任，引发了纪律。自由和纪律似乎是两个无法共存的对立概念，但蒙台梭利将二者密切联系在一起："我们这样定义遵守纪律的人，他们是自己的主人，在做出遵循生活法则的决定时能够自行主张。"

这是否意味着孩子的行动可能毫无限制？完全不是。儿童的自由受到集体利益的限制。出于此原因，针对所有以某种方式伤害他人的行为，或社会上的不当行为，进行自我控制练习，涵盖在教育计划之中。

成年人的情况又是怎样呢？在建立在自由基础上的教育体系中，他们扮演了何种角色？成年人必须进行介入，帮助孩子获得这种自由。这意味着将他们的介入减少到最低

四大发展阶段

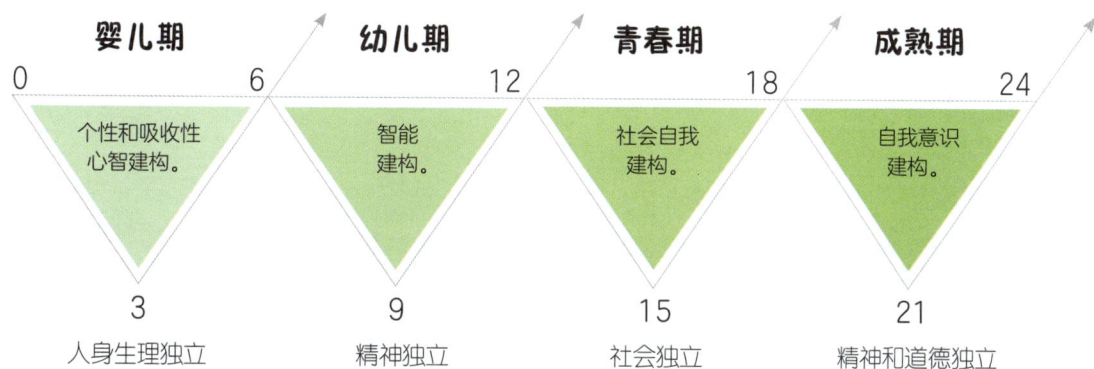

婴儿期	幼儿期	青春期	成熟期
0 6	12	18	24
个性和吸收性心智建构。	智能建构。	社会自我建构。	自我意识建构。
3	9	15	21
人身生理独立	精神独立	社会独立	精神和道德独立

限度，体谅和尊重孩子的不同发展阶段，从不干扰或制止，从不对孩子进行预判，或者代替他们行事。成年人介入有度，因为过度的帮助会产生消极影响，否定了有可能呈现出的表达内容。他们扮演着引导者和支持者的角色，展现出极大的耐心和极强的观察力。

这种表述看似是异于寻常的一种教育法，但在实际操作中会出现什么情况呢？别担心，我们随后会进行讨论。

四大发展阶段

"发展是一个不断再生的过程。"

蒙氏教育项目建立在人类的整体愿景基础上，对从出生到大约 24 岁步入成年的各个生命阶段中，人的身体、情感和智力特征进行考量。

蒙台梭利确定了人的四大主要发展时期或阶段，每一时期或阶段都有迥然不同的特点。了解了这些发展阶段，我们便能更好地领悟人从婴儿到童年，到青春期，再到成熟期不断涌现的需求，进行最有效的介入，促进他们潜力的发展。

第一阶段 0～6 岁：个性和吸收性心智建构

这一阶段对应婴儿期，逐步形成人的个性。

这一阶段中，儿童的头脑就像一块海绵，吸收外部环境中的所有信息。儿童对语境具有极高敏感性，以至于周围的一切都能唤起他们的兴趣和热情，直到激活他们大脑中的某些区域，身体发生转变。"儿童发生了转变，"蒙台梭利写道，"某些印象不仅渗透入脑，而且塑造了他们的精神面貌。"最显著的例子是语言。儿童只需接触语言声音，他们的大脑就可以逐渐学习语音、语法和句法结构，以越来越准确的方式重现语言。

这一阶段中，即敏感期，儿童表现出的

特征是先天敏感性尤为明显，我们随后会对此进行深入阐述。

与 0~6 岁儿童相关的需求属于建构自主性，即儿童希望独立行动，力求人身独立。

因此，成人的任务是帮助儿童达成这一目标，让他们能够自主地执行各种行动；儿童会摆脱外部援助，成为一个独立自立的个体。因此，应该支持一切与实际生活相关的活动，通过这些活动，儿童学会照顾自己，妥善应对生活环境。

第二阶段 6~12 岁：智能建构

这一阶段对应幼儿期，我们认为儿童此时已做好充分准备，面对更加具有组织性的学习环境，例如学校中的学习环境。儿童理解聆听老师的话语，向他们提出问题，依据刚刚建立的逻辑推理和反思行走世间。此时儿童求知若渴，因此喜欢探索科学世界和大自然，为身边发生的现象寻求合乎逻辑的解释。儿童正是在这一阶段，发生了从具象思维到抽象思维的重大转变。基于这一原因，身体无法感知的事物对儿童颇具吸引力，因此能够激发他们的想象力，虚构出一个个故事，发挥创造力展开幻想。在这一阶段，儿童想要自主思考，寻求思想独立。

第三阶段 12~18 岁：社会自我建构

这一阶段对应令人心悸的青春期，此时儿童性格大变，变得令人生厌、刁钻古怪、阴晴不定、热情激荡，愁肠百结地探寻他们想要成为什么类型的人。

在这一阶段，青少年的主要需求是寻求观念上的独立自主，即提出个人的见解，同时寻求情感独立，觉得自己不再那么依赖父母的帮助。

青少年需要在非家庭核心成员中磨炼自己，需要建立友谊，培养对家庭以外群体的归属感，往往会反抗家庭，仿佛是在验证一个崭新的、有别以往的现实世界的风貌。他们对文化更加感兴趣，求知若渴，希望更加深入地进行探索。由于更加重视社会和道德价值观，青少年的道德良知开始成熟。在这一阶段，成年人的角色艰巨微妙，青少年的需求相互对立，他们既需要自立自主，又需要他人保护，成年人需要在兼顾二者的基础上不断进行调整。

第四阶段 18～24 岁：自我意识建构

最后这一阶段开始进行调整，获得平衡。不懈追求自我个性后，青少年形成了自己的良知及对世界和自我的思考方式，确定了目标和理想。这一时期见证了个体形成价值标准，能明辨是非。此时，青少年已做好准备在原始家庭之外的世界建立自己的领地。

敏感期

"如果儿童不能依据敏感期的指导方针行事，就失去了水到渠成取得成功的机会。永远失去了这一机会。"

在成长发育的过程中，儿童会经历某些阶段，对某些类型刺激产生特定敏感力，敏感度加强，蒙台梭利称之为敏感期。对儿童来说，这些阶段代表了某种自然形成的本能信号，难以抵御，这种信号引导他们更容易接受环境中的某些刺激和元素。在这些阶段，成年人应确保提供给儿童更容易接受的刺激类型，以支持他们发育成长，提升技能。获得技能的窗口并非无限敞开；一旦关闭，获得特定心智技能就会愈加困难。语言就是一个典型案例。孩子在6～7岁之前最容易接受语言，之后这一敏感力的窗口会发生变化，习得语言的困难程度就会增大。如果我们想让我们的孩子学习更多的语言，最好在学龄前就让他们接触多种语言，这时他们的学习过程水到渠成，简单快捷。当孩子进入学校学习时，学习语言需要投入更大的精力。

0～1 岁：亲情敏感期

生命的第一年，我们致力于建立亲情的纽带，致力于建立父母和孩子之间原生情感和心理的纽带。对于生命而言，对于我们所有人的遗传倾向而言，这一纽带不可或缺。母子联盟产生了一种建立在相互依赖基础上的关系，让母亲能够照顾婴儿的基本需求，从而保证他们生存下来。

孩子首先通过母亲的身心探索、认识世界。这一时期，成年人与孩子亲密无间，常伴身侧，这是孩子在身心方面均希望满足的至关重要的需求。因此，孩子不断索取亲昵接触、悉心照顾，父母一走开便提出抗议，他们无法自行面对某些关键时间点，例如睡觉、寻觅食物、周围有陌生人等，这些都是正常现象。在这一阶段，每当孩子表达这些需求时，正确的做法是给予支持，传递给他们亲情的安全感。

0～6岁：秩序敏感期

孩子是习惯性动物，他们需要程式化的惯例及按部就班的行为序列（behavioral sequences）[1]，我们一次又一次地注意到这一点！蒙台梭利称这种需求为"寻求秩序"，即需要赋予事件逻辑意义，并为每件物品分配一个位置，指定功能。对于孩子来说，有序的环境意味着存在参照，即知道他们最喜欢的物品在哪里，每样东西都有什么作用，特定行为具有确定的顺序，例如，在离开家之前穿上鞋子，总能在同一个抽屉里找到餐具等。环境和我们的行动清晰明确，井然有序，安常习故，

---

[1] 行为序列（behavioral sequences）是指反应与其先后的刺激物的连锁。从学习理论的角度看，机体的行为可分成一些单元，每一单元都既可作为与随后反应有关的刺激物，又可作为对先行于它的刺激物的反应，形成循环现象的连锁。这一概念被看作是行为治疗和学习理论赖以形成和发展的基本前提。

这会让孩子产生自信感，帮助他们感知到一个轻松愉快而非反复无常的世界，他们完全可以无波无澜地行走其间。

6个月～6岁：动作敏感期

蒙台梭利用几个章节的篇幅专门介绍了运动的重要性。肌肉活动是一种关系体系，因为它让一个人与世界和其他人建立起联系。据此，孩子亟须进行越来越微妙复杂的活动，因为这些活动能令他们与周围环境进行互动。自6个月起，孩子一旦能坐起来，从不同的视角看待观察现实环境，他们便被强大的动力推向周遭环境，进而转化为想要去触摸他们所看到的各种事物，捡起任何落入他们个人空间的物品，动用一切手段去拿到远处引起他们兴趣的物体，随后他们学会了翻滚、拖拽、爬行，最后学会走路。一旦发展到这一阶段，他们又会更

加清楚地意识到，需要通过跑步和攀爬这些更加复杂的动作四处活动。即使是灵巧性活动也变得更具趣味性，因为孩子会表达需求，想要拧开瓶盖、串珠、用钳子夹小物件、系鞋带和拉拉链、缝纫、剪东西等。每次自己设法完成活动，他们都会从中获得极大的满足感。因此，在保障人身安全的范围内，不要妨碍孩子完成这些活动的意愿，并为孩子提供空间和工作材料，让他们可以完全自由地练习这些动作，这一点很重要。

0～7岁：语言敏感期

语言对儿童的发展具有重要价值，因为它奠定了社会生活的基础。在生命的最初几个月里，儿童就已经被嘴巴说话的动作及悦耳的声音所吸引，他们很快就学会了辨识。语言习得的道路并非一蹴而就，而是循序渐进，遵循每个孩子成长的自然节拍。然而，语言的吸引力体现在所有儿童的身上，无论他们学习说话的速度是快是慢。因此，通过阅读、讲故事和频繁的对话互动进行鼓励，这样做有所助益，即使同时使用多种语言也是如此。3岁以后，成长所需的工具也很重要，即孩子专门用来学习字母表和语言知识的教具。

0～6岁：感官敏感期

自呱呱坠地，感官教育便已开始，因为婴儿是通过他们的身体领会事理。视觉是最早启用的感官，刺激性最强，也是需求最为迫切的刺激物，接下来便是触觉和听觉。2岁左右，我们可以观察到儿童对所有感官体验的兴趣与日俱增：

儿童对新鲜的口味感到好奇，被一些事物吸引，想要感受其构造，留存触感差异性。儿童还喜欢芳香植物或辛辣食物的气味，主动搜索音乐源头，自然而然地对节奏和旋律产生兴趣。在这一阶段，可以提供给儿童各式各样的工作材料和活动，以促进他们对感官体验的特殊敏感力。

18个月～7岁：细微事物敏感期

我们常常看到，约18个月大的幼儿对细微事物着迷，他们试图用自己熟练的小手指抓住这些物体，吃力地握在手中，将其把持在手，或是放入碗或盒中，这样做能让他们开心不已。手眼协调能力发展就发生在这一时期，孩子会选择一些活动来验证自己这方面的能力，原因便在于此。我们可以为孩子提供各种各样的工作材料，支持他们想要去摆弄小物件，例如倾倒活动，倾倒通心粉、纽扣、豌豆、黄豆、面包屑，或是任何可以用他们的小指尖捏起的东西。

0～6岁：生活规范敏感期

2岁左右，孩子似乎对从属于某个设有共同遵守规则的社会群体的想法特别敏感。因此，这是学习所谓礼貌的最佳时期，例如如何感谢、道歉，请求许可，不要破坏他人的玩具，在公园玩游戏时依次排队等待，等等。

用蒙台梭利教育法培养孩子

教育法反思

"教育的基本理念就是不要妨碍儿童的成长。知道该做什么并非根本要务，也并非是难行之事；弄清楚我们必须排除哪些假想推定，摈除哪些愚蠢偏见，才能使自己胜任儿童的教育，这一点至关重要。"

正如我们所看到的，蒙氏教育法是建立在精准的理论概念基础之上，自从蒙台梭利在自己的学校中亲身接触孩子们以来，这些概念就已经得到了验证，展开过研究。我们毫不怀疑该教育法在学校环境中行之有效，获得成功。蒙台梭利学校在世界各地日益普及。

但是作为父母，我们如何利用蒙台梭利原则呢？这一方法是否同样可以应用于家庭之中呢？给孩子使用蒙台梭利设计的工作材料是否足以开展蒙氏教育？这种高成本的教育法是否人人皆可适用？什么是遵循蒙氏教育法实施的教育的基本要素？

我们来尝试一起面对这些疑虑，找到实用的答案。

对于某些人来说，蒙台梭利的理念似乎很容易遵循；而对于另一些人来说却是深奥难行。这基本上取决于我们最初对儿童的解读，以及我们整合或修正自己观点的意愿。

如果我们习惯于将孩子视为与我们容貌相仿的幼儿，坚信顺从不悖的教育力量，那么我们在采用蒙氏教育法的那段时间一定度日如年。而如果我们本来就倾向于将孩子视为独立自主的存在，他们需要关注激励，不会轻易受人操控，那么我们就已经领先一步。有一点确定无疑，我们一定不能彻底改变我们身为孩子家长的方式。了解我们如何行事斟酌，以及应对他们的需求，从这一点做起，然后将蒙氏教育诸要素及其工作材料和活动融入我们教养子女的方式，与日常生活融为一体。

如果觉得我们需要一些策略，来解决教育方式的某些环节，或者只是想自己确认一点，我们给予自己孩子的激励是否恰如其分，能引导他们朝着正确的方向前进，那么众多有益的

观点可以打开通往蒙氏教育法宝库的大门。

主要内容如下：

首先，一切教育法都是这样的一种教育方法，其构建的基础在于尊重儿童及其天性，尊重他们所处的阶段及其需求；都是这样的一种教育方法，鼓励孩子与生俱来的能力自然而然地显现。发挥五种感官的功能受到高度重视，人们认为感官与孩子的认知发展密切相关。重要的是，教育过程中需要进行选择时，要让孩子成为积极的主体和参与者，这样做至关重要，因为这会使他们更加独立。重要的是，教育激励要令人愉悦、引人入胜而且富有美感，因为乐在其中的学习更加自然持久。蒙台梭利认为，为激发某种行为或活动而给予外在的奖励或补偿，这种做法毫无意义。完成某个动作带来的内在乐趣，自主完成动作带来的满足感及独立辨别错误的能力，这些才是发挥孩子自主性的效力及实现自律的要素。环境是学习过程的重中之重，环境必须简单、干净、美观、有序、精心安排，提前准备，符合儿童的成长阶段。

最后，成年人发挥着至关重要的作用。蒙台梭利将他们定义为计划周详的成年人。他们扮演着孩子的引导者和榜样的角色，而不是强制的参照物；孩子可能会模仿某种行为方式，因为他们在父母身上看到了同样的

行为，而不是因为他们惧怕父母。

因此，蒙氏教育法尤其关注儿童内心世界的方方面面，包括他们的心智及灵性。不过蒙氏教育法也同样重视成年人，提醒他们每位父母都可能成为孩子心中最好的父母。

蒙台梭利教育的三大支柱

"教育者的首要职责是激发生命力，让生命自由发展。为了完成这样一项奇妙的使命，适时给予提示，在一定范围内介入过问、介入阻挠或转换方向，都是人们需要掌握的艺术。这种艺术完全有益于灵魂的复苏，有益于个体凭借自身努力生存下去。"

蒙氏教学法确立了构成儿童生活背景及教育项目根基的三大支柱：计划周详的成人、精心营造的环境和准备齐全的工作材料。

金字塔的底端是计划周详的成年人。如何理解这一点呢？蒙氏所指的父母是自信地悦纳孩子的活泼生机的成年人，这样的家长关于自身的行为已经不再心生恐惧，摆脱了固有成见及先入为主的概念，因此了解、尊重蒙氏教育法的原则，对它怀有信心，为此做好了充分准备。

所以，我们要从自我意识着手。趁我们尚未把家中拆得乱七八糟，尚未跑去购买蒙台梭利工作材料还有微缩版的家具，尚未经历孩子用手指乱涂乱画，把一张又一张的桌子改变了本色，或者孩子用面粉勾画字母轮廓，我们先缓一缓，思考几个问题。

关于教育我秉持何种观点？我对孩子的能力抱有多大信心，我是否认为他们的每一种行为都不可忽视？我在多大程度上介入他们的游戏？我通常怎样向他们提出建议？

不错，我们已经迈出了蒙氏教育法的第一步。我们继续讨论一些实用的建议。

计划周详的成年人

"成年人坚守领导者和引导者的责任；他们只不过是助手、服务员，因为婴儿的个性发展，要靠自己的力量实现，要在执行活动中进行。"成为一名蒙台梭利式父母看似大费周折，但实际上，蒙台梭利提出的内容最为简单，不过可能往往为人遗忘，那就是遵循天性和本能。感受到拥有亲缘关系，置身于安全的环境，这种情况下他们觉得受到保护，有人倾听理解自己，这样的感觉依然是儿童的第一需要。因此，我们发现这样的目标甚至不再需要高投入，也不紧要。活动设备并非第一要务。最为重要的是我们的关注目光、抚慰拥抱、积极倾听、谨慎措辞，甚至出于尊重保持沉默。我们需要对孩子的能力持信任态度，对他们的自发行为耐心对待，对他们的兴趣接受认可，这些内容在各个敏感期会有所不同。

也许对所有父母来说，最难做到的就是允许孩子自主学习，即观察他们日常生活中自然发生的事物。

在此看几则实例。面对摆放在高架上的新物件，孩子会踮起脚尖，向上伸展手臂去抓够。看到这一幕，我们可能本能地要为他们够到目标物。等一等，观察孩子的行为，我们或许能够发现孩子为达到目的进行准备

的方式，他拉过一把椅子，试着跳起来，用其他物品去触碰先前的物品，甚至走到我们面前寻求帮助。通常在确保安全性的范围内，我们不要破坏他们取得成功的时刻，借此可以让孩子体验到自给自足感带来的无尽喜悦，"我做到了！"他们会这样说或这样想，从而有助于树立自尊心。我们看到孩子为实现目标而使用某一物品，而非按照本有的功能加以使用，或者他们未能顺利地将某物插入指定的孔槽，这时我们多会冲动之下加以纠正，亲自操作。急于矫正纠偏，或在遇到困难时插手介入，迅速解决问题，此为教育大敌。这些情况提供了不容错失的教育机会，认识到这一点至关重要。

蒙氏教育法劝勉我们允许自己接受出乎意料的情况，不要期待孩子的行为精准无误，而是任其主动性自然而然地显现，带来一份奇妙的惊喜。在亲历他们的学习行为时，我们会感受到处处有奇迹。

以下是一份蒙氏教育策略小指南，有助于我们更好地为自己的孩子助一臂之力。

1. 给予自由

（1）运动的自由。"运动对生命至关重要，不能将教育等同于控制运动，更有甚者抑制运动，而我们只能这样认为，教育有助于能量消耗，让他们正常发育。"依据蒙台梭利的观点，没有运动便无法进行学习。因此，让孩子自己拿起 2 升的水瓶，专注于将绳子穿过小孔，爬上一堆枕头或是固定在墙上的木桩。让他们独立完成运动，活动手部和腿部肌肉。

（2）选择的自由。"能够战胜自己的孩子也能征服自由，因为他们大多不会在潜意识下做出行为失当的反应，那些处于成年人持续不变的严格管控下的孩子，往往会有这种反应。"首先，我们来澄清一种误解，选择的自由并不意味着"想要做什么便做什么"，而是"能做什么便想要什么"。当务之急是让孩子有机会锻炼，因此要从小开始强化他们的意志；这样做会使孩子具有自信，积极主动，因为他们习惯于做出自主选择，根据自己的想法和喜好在初始阶段指导自己的行为。

（3）行动的自由。"一个人享受的是他人的服务而非帮助，在某种程度上便令自己的独立性大打折扣。"我们要让孩子有机会"独立行事"，也就是靠自己的力量，在试错中赢得与年龄和能力相应的自主权。

（4）做自己的自由。"正是成年人导致了孩子的无能、困惑或叛逆；正是成年人毁掉孩子的个性，抑制了他们的活力冲动。此后，正是成年人自己努力纠正孩子犯下的错误、出现的精神偏离[1]及性格缺陷，而这些问题都是他们自己造成的。"如果我们将孩子视为一个个体，拥有自己的观点、欲望、喜好和需求，这些内容合乎情理，意义显著，那么我们便能更加轻松地与他们保持同步，推敲他们的行为，换位思考。甚至面对所谓他们使性子的时刻，我们也要经常问问自己，我为

1　精神偏离（psychic deviations），当孩子的发展道路上有障碍导致生理和精神能量分离，将孩子从他自己正常的发展道路拉离，精神偏离就发生了。

什么会这般行事？站在他们的立场，我会有何感受？这些问题有助于我们做出的回应更具同理心，减少孩子提出抗议的情况，因为他们会感受到我们更加理解他们。

采取这种态度不可或缺的要素是什么？那就是耐心。我们越是能成功地保持耐心，便越能顺利地陪伴孩子成长，在生命的最初几年尤为如此，这时的孩子是一个小小的探索者，对于周围的世界求知若渴。因为他们的小手和小嘴是通向世界的门户，一切事物他们都想要摸一摸，尝一尝，渐渐地他们想要提出问题，解决一千个"为什么"，从而满足他们对知识的渴求。努力地适应，依照需求行事，借此我们就能够满足这些需求，避免频繁出现不能满足这些探询的情况。此外，要让孩子知道，他们的需求对我们而言很重要，我们对他们的感受饶有兴趣，在一定的条件下，他们可以随心所欲地进行表达，这样做有助于孩子进行自我赋值，训练他们倾听自己的感受，相信自己的感受。

我们付出的努力无可厚非，得到了回报，我们正在用自尊和个人价值感武装我们的小朋友，这都是自信地面对生活的基础资源。

2. 不去干扰专注的时刻

"长时间不知疲倦地工作，专心致志而不受外界影响，这样的能力已经在幼儿身上显现出来，展现出他们个性的建构发展。"根据蒙台梭利的说法，专注是学习发展的必要条件，还具有放松心情的效果，专注的孩子体验到了当下的平静放松。

3. 接受他们的错误，以身示范，不要矫正纠偏

"由于孩子对外部影响高度敏感，甚至比我们想象的还要敏感，我们在与他们的交往中必须谨言慎行。"我们承认做到这一点绝非易事，对错误最简单易行的回应就是说"不！不是这样做"，但是，如果我们做到不去评判，将错误视为有益的尝试，并未将其视为需要规避的事情，而是视其为出发点，那么我们就可以将错误转化为建设性的经验。"我们一起再试一次"，我们可以这样说，然后平静缓慢地展

示向下进行的正确方法，于是孩子便能够用心地掌握过程中方方面面的内容。

　　关于孩子的错误，我们采用的方式将决定他们所形成的错误与自我效能感之间的关系。蒙台梭利将错误称为错误先生，他是一位朋友；与其将之妖魔化，不如传递这样的信息，他是生活不可分割的部分，在身为敌人的伪装之下，他其实是一位盟友，希望帮助我们成长，提升自我。

4. 根据孩子的发展需求营造环境

　　详见下文。

精心营造的环境

　　"懂得照顾自己的孩子，知道怎样穿鞋，如何穿衣脱衣，每一位做到这一点的孩子带着快乐幸福，成为人类尊严的影像，因为人的尊严源自独立性。"

　　在儿童之家，蒙台梭利有机会进行观察，儿童如何在适当的环境中不知辛劳地工作，更多地参与到活动之中。另一方面，她指出，针对成年人的需求而言，儿童与他们的日常环境之间的距离太大，因此这一点阻碍了幼儿"以正常方式形成他们的各项能力"。

　　为了促进孩子在家中具有自主性，完全有必要根据我们的小小探险家的发展阶段，改装家具，调整物品的类型和数量。

　　为幼儿精心营造的环境具有以下常见特征。

　　儿童之家的布置方式，首先必须确保儿童在自主独立活动时的安全。儿童必须可以自如地在房间中穿行，随意地自主练习动作。因此，必须排除一切危险元素。看一则实例，每天早上向孩子介绍个人卫生常规要求。随着他们获得运动技能，让孩子逐步尝试自己

洗脸、刷牙和换衣服，这样做很重要。不过水槽极有可能与他们的身高不符，至少开始时会是这样；我们可以摆放一个板凳，帮助他们够到水龙头，孩子会很乐意自己洗漱。

随后，如果我们在与其身高相应的地方挂一条小毛巾，孩子就可以自己擦干，记住要把两个动作按顺序关联起来，先洗漱，后擦干。当然，建议水槽上只放那些儿童触摸起来毫无危险性的物品，最好将剃须刀、玻璃瓶、小罐子、化妆品等放在其他地方。

孩子生活的环境必须井然有序、赏心悦目、居住舒适。

确保总是在同一个地方找到物品，孩子将借此开始为周围事物赋予意义。物品之所以有价值，是因为它们所在的位置及具有的功能，孩子很快就会形成物体分类的能力，这对他们理解世界大有裨益。

此外，外部环境井然有序有助于建立内部秩序，有助于建立遵守秩序的观念，根据清晰的纪律标准行事，能够在存放信息点之间建立起相关联系。在遵守秩序的环境中，孩子构建参照物，能够预测和理解周围的环境，借此形成引导他们的情感认知的心理框架。然而，这种秩序并非是僵化的、有伤害性的秩序，相反，它必然是令人愉悦的秩序，是自成体系的环境和事物，从而日臻完善、赏心悦目，令人心安。

每件物品都精准摆放的有序环境，能让孩子感到安心，培养他们的秩序需求，促使他们自发独立地参与物体和房间的重新摆放。

总体而言，如果孩子可以在房子里自主活动而不受限制，随心所欲地使用自己的物品，无须他人帮助就能拿到物品，那么孩子就会觉得自己是家庭事务的积极参与者；他们会觉得自己是环境中不可或缺的一部分，更好地激励他们照管好自己的物品，按照确保自己能再次找到的方式，重新进行摆放。

我们不要忘记，我们必须为孩子建立起一种模式，我们向孩子演示如何做到爱惜物品，如何做到使用后将物品放回原处，物品损坏或打破时我们会多么遗憾。我们树立的榜样会对孩子起到很好的指导作用。

秩序的概念还与整洁的概念密切相关。始终尽量保持物品整洁，或者只把干净的物品放在孩子够得着的地方，这样他们就不会触碰脏东西，这样做很实用。从餐具到画刷，我们要向他们演示每次使用后如何保持物品的整洁，让他们享受被清洁物品包围所带来的喜悦。蒙台梭利还建议使用浅色可清洗的家具，因为这样的家具易于让孩子发现污渍，注意到污垢，采取行动清洁一新，从而将清洁的行为与家具重现美观联系起来。为此，要为孩子提供漂亮的小抹布，用它来拂去灰尘或擦洗架子，这样的做法非常实用。孩子借此承担起清理周围环境卫生的责任。为了保持环境整洁，不应该填塞过多的物品。因此，有必要练习控制提供给孩子的物品数量；如果所有的工作材料都具有独特性，那么这些材料具有的价值就会更高，因为构建这些物品、物品功能及物品在家中摆放的位置之间的联系，就会更加简便易行。

没有必要准备四种不同类型的球，一种类型就足以满足游戏的需求。没有必要准备

不同类型的眼镜，两类足矣。没有必要准备十种类型的书，只要书的风格和内容有所不同，三四种即可。我们可以把多余的物品保存在壁橱内，定期替换他们现有的物品，借此这些物品也能供孩子使用。

关爱孩子的家庭

"看起来，由于儿童与身边器物的大小不匹配，他不知道如何与这些物体建立关系，因此他们自然而然的成长发育便无法实现。"

为满足孩子的发展需求做好环境准备，需要仔细观察周围环境，具有丰富的想象力，能够自我设问，如果我们是与儿女同龄的儿童，哪些事物可能对我们有助力，可能吸引我们或者伤害我们。

我们从观察自己的家庭空间着手，坐在地板上，以蹒跚学步的宝宝的视角看一看房间，观察不同的房间，了解自己家中的优缺点，这样才能保障自立的孩子可以安全使用房间。对孩子来说，哪些特征可能存在危险性或是风险性？为了他们能够独立进行某些活动，例如刷牙、穿鞋、挑选玩具和重新整理，能够更多地参与家庭生活，例如摆桌子、洗碗或是倒垃圾，我们可以提供给他们哪些工具？

在蒙台梭利的著作中，我们可以找到一些指南，根据孩子的生活环境选择家具。例如，她建议家具要够轻，即使是蹒跚学步的宝宝也能轻松挪动。此外，由于家具在地表滑动时会发出烦人的噪音，因此可以教导孩子不要在地板上拖动家具。由于重量轻，如果受到撞击，就很容易倾倒，因此可以教导孩子注意自己的动作。

墙壁上可以展示色彩鲜艳、细节丰富的图片，或是家庭成员的照片；将它们挂在孩子目力所及的高度，这一点很重要，这样他们就可以近距离观察、欣赏其特征，甚至可以就他们看到的内容进行提问。对于所有孩子用得上的物品，他们必须独立获取的物品，例如书籍、玩具、涂料，还有衣服和餐具，这一点同样适用。

最后一点也最为重要，孩子参与整理清扫房屋，即扫地、除尘、去除污渍等，所需的一切物品他们必须都会使用。在蒙氏教育法中，就连清洁用品也要美观，因为美好的事物可以诱导他们从事活动和工作，这一点非常重要。根据蒙台梭利的说法，优美环境与幼儿的感触性（emotivity）[1]之间具有对应的数学关系。例如，如果孩子须用扫帚扫地，扫帚若是很美观，并不破旧难看，他们肯定更愿意完成该活动。

家具也必须美观，这就是为什么蒙台梭利建议用可清洗材料制作家具，或者把家具盖上可以机洗的沙发套和座套。

蒙氏教育法中，家中常用的激励儿童的一些物品在家具市场有售。所谓的蒙台梭利家具与标准家用家具的区别在于，前者为满

---

1 感触性（emotivity）亦称易感性，是指情绪的触动；对刺激做出反应的能力。

25

足儿童设计，而非满足成人的需求。显然它的尺寸更小，安全功能更齐备。适用于所有房间的建议措施如下。

厨房

　　我们度过白日大部分时光的房间就是厨房，因为这里是我们制作饭食、享用食物的场所，甚至有时还是工作的场所。我们待在厨房之中，可能会让儿童对这个房间产生浓厚的兴趣，他们会想要仔细查看这个房间的各个角落，参与我们投入大量时间的活动。因此，某些预防措施非常实用。

　　在厨房里，孩子们可以拥有一套自己的餐具，一个小盘子、一个带把手的玻璃杯、一把小刀叉、一把圆刀等，用来培养与年龄相应的动作和认知技能。尤为关键的一点是，这些餐具应放置在孩子能够打开的抽屉里，即与他们的身高相称。远离危险物品，如锋利的刀、厚重的锅等。这样他们就可以安坐就餐，口渴时

拿个杯子喝点水，想要吃零食时拿个盘子吃点零食。蒙台梭利认为，儿童自小就拥有货真价实的餐具，这一点非常重要，因此就连玻璃材质的水杯，他们也可以拥有。使用餐具，看到餐具摔得粉碎，这样的行为提高了儿童的意识，让他们更好地约束自己的动作，因此他们或许可以避免重复这种经历。

　　错误永远是最好的学习方式。所有我们认为有益于儿童健康的食物，或者他们白天想要食用的食物，都可以放在与他们身高相称的架子上。尤为重要的是，要精选孩子可以接触到的食物，如食物的类型和数量，这样我们就不必禁止孩子去触碰，或是阻止他们吃得太多；相反，我们应该鼓励孩子自主获取食物，留意自己的胃口。举个例子，我们可以让他们找到一盒饼干，盒内饼干数量为我们许可的一整天食用量。我们变更食物的类型，一天给他们饼干，另一天给他们面包或水果。通过这种方式，我们保留了对儿童饮食的控制权，却能赋予他们自主进食的权利。

　　孩子的好奇心在厨房里找到了充分表达的空间。抽屉、橱柜、架子和大门都令他们着迷，激励他们进行探索。我们要帮助孩子追随自己的直觉，厨房架子的摆放要与他们的身高相应，摆放的物品不能具有危害性。

　　我们可以使用中等大小的锅、木勺、餐具，如果不想因遗漏每日使用的餐具，而频繁进行清洗，我们可以将这样的器具放置在高一点的架子上，其他类型的餐具放在手边，还可以为孩子单独购买一些木制或硬塑料的

餐具。我们可以使用各种尺寸的塑料罐，不同大小的瓶盖及工作材料等。

我们还可以留下厚皮的水果和蔬菜，例如橙子、土豆和胡萝卜，还可以留下装有各种形状通心粉的广口瓶，供孩子们使用，或是将瓶中通心粉倒入倒出，进行游戏。儿童乐于进行各种触觉和视觉感知的体验，把广口瓶叠套在一起，转移物品，尝试将锅叠放在一起，锅的大小不匹配时，他们自己就能注意到。待孩子年龄大一点，我们还可以提供给他们大一点、重一些的容器，例如土豆削皮器、木制砧板、擀面杖、饼干模具还有烘焙食品原料，或者需要去皮切块的水果蔬菜。通过这种方式，我们逐渐让孩子更加全面地参与厨房的日常事务，甚至让他们参与准备三餐。

孩子最大的愿望之一就是长到和我们一样的身高，这样他们就可以全神贯注地观察我们的动作及动作顺序，以我们为榜样进行学习，亲身参与一些活动。在厨房里放一个又大又稳的凳子或梯子会助力良多，踩在上面，孩子们可以爬上桌子、水槽，或是任何我们使用的其他工作台。被称为学习塔的高脚凳在市场上很容易找到，它们是深受儿童喜爱的实用工具。还有一种为儿童喜爱的物品系列，那就是清洁工具，扫帚、抹布和海绵深深吸引着蹒跚学步的孩童。

因此，我们准备一个抽屉，高度尽可能低，里面装有彩色的旧布，如旧床单的碎片、旧毛衣或是扯破的毯子，还有各种材料的海绵、毛巾、衣夹。儿童会乐于参与打扫房间，自主处理一些小问题，例如溅出的水迹、掉落的食物或散落在椅子上的碎屑。

客厅

客厅通常是摆放高雅、奢华、精致家具的房间。包括宝宝在内，这里也是我们见面交谈及共享空闲时光的房间。在整合幼儿需求的同时，兼顾客厅的这两大特征并不容易。长远考虑必不可少。瓷器和玻璃器皿、陶瓷小饰品、水晶桌、中式花瓶，一切我们展设的昂贵的物品，对孩子来说极具吸引力，也非常危险。

遵循蒙台梭利尊重儿童自由的原则，摆放家具的适宜方式，最好将珍贵的物品放在孩子够不到的地方，把适合他们的其他有趣的物品摆放在与他们身高相应的位置。这样，孩子就可以在客厅里自由穿行，参与我们的娱乐时光。

在客厅内创建一个专供儿童使用的区域，这样做可能非常实用。例如，可以考虑为他们准备一个专用的彩色地毯，一个矮小的开放式货架，上面可以摆放玩具、书籍、颜料还有积木。我们还可以在这里摆放一把扶手椅，或是一张小沙发，或许再在上面铺上一块布，此处作为孩子们练习攀爬、翻滚和跳跃能力的绝佳健身地。

我们还可以组装一个小书柜，同样要符合儿童的身高，或者在我们书柜的最低一层架子上放置孩子的书籍，也许我们会提议摆放的书籍类型有别于他们卧室中的书籍，例如童话和故事。我们可以给他们读书，或者我们可以一起阅览图本。这样孩子就可以随意阅读书籍，或是模仿我们健康的习惯，例如坐在扶手椅上阅读，或是睡前分享几页内容。

我们可以为客厅预留的另一项娱乐活动是播放音乐。电子设备，如音响系统、电视、连接到扬声器的音乐播放器，通常都放在客厅里。我们可以让孩子选择要听的音乐，还可以参加他们的舞蹈和歌唱。

我们可以尝试一起演奏音律，用简单的乐器和着节拍。我们可以在篮子里收集发声的

物品，如拨浪鼓、各种手鼓、口哨、铃铛、响板、东方乐器，还有会发声的物品，如锡盒或不锈钢茶匙。根据蒙台梭利的秩序与和平教育原则，当幼儿专注于其他游戏时，最好不要添加音乐，或是电视或收音机播放所产生的背景杂音。在这种情况下，音乐会凌驾于孩子的游戏之上，干扰他们的注意力。我们要记住一点，一次提议一项活动。欣赏音乐时完全可以演唱出来，随着节奏摇摆，在进行其他需要集中注意力的游戏时则要保持安静。

怎么处理电视呢？我们无法忽视这种当今不可或缺、无处不在的家用电器。我们都知道其存在的风险性及潜在危害性，然而，我们发现难以放弃这种高度刺激情绪的形式，因为它所提供的治愈无聊的措施是如此快捷、简便、有效，用其他活动填补空闲时间的问题不再困扰着我们。

出于同样的原因，禁止使用电视毫无意义，因为它是我们世界不可分割的一部分。蒙氏教育法的建议是，我们或许可以将这种设备也用于儿童的成长发育，对其使用加以监管。我们可以制定电视观看规则，不能将电视用作其他活动的背景；打开电视应该只为观看特定节目，节目结束就要关闭；节目的选择要符合儿童的年龄特点，大多数情况下，我们应该尽量一起观看节目，避免观看电视形成的孤独感。

因此，电视可以成为实用工具，用以增强

意识，练习持续注意力，分享观点和情绪。同样的原则也适用于电脑、平板电脑、手机，及年轻一代家庭中到处可见的所有电子设备。

卧室

儿童的卧室是他们活动的完美场所。这里是他们的实验室，在此他们日复一日地自由表达自己的诉求。他们需要活动，用自己的感官进行探索，搭建破坏物体，练习自己的技能。不过此地也是儿童休息及满足睡眠需求的场所。因此，我们需要几件构思巧妙的家具。

可以放置游戏和玩具的低矮架子自然不能缺少，这样孩子可以拽出物品，使用后放回原处。每种类型只留下一种物品即可，例如，一个有固定夹和卡槽的玩具、一个拼图、一组积木、一盒玩具人偶等，将其余物品放在他处，定期置换，这样孩子可能会感受新玩具的激励，无须经常购买添置。我们或许可以进行协商，每使用一个新玩具便要舍弃一个旧玩具，避免不再引起孩子兴趣的玩具堆积。工作材料应分门别类，例如学习活动、过家家游戏模型、创意工作材料、着色工具等，按此分类放入架上、篮中、盒内，诸如此类。

物品始终要完好无损，我们要处理掉不再适合进行游戏的破损物品，这一点非常重要。

一部分架子必须专用于摆放书籍。我们可以选择买一个小书柜，与儿童身高相应，我们可以在那里摆放他们的活动书籍、激励感官的读物、填色图本或是睡前故事。

我们甚至可以考虑添置一个相册，收集重大时刻及重要家庭成员的照片。

简单的杂志或商品目录同样实用，孩子可以在其中找到不计其数的物体图像，扩大他们的词汇量。翻阅自己的相册，询问未见过的物品名称，重复自己所学的物品名称，其间孩子会度过愉悦的时光。

儿童的嬉戏大多会在地板上进行。因此，我们往往用地毯或床单遮盖地板，供孩子在上面玩耍，这样做非常实用，因为这能设置孩子可以四散摆放玩具的区域边界。

另一方面，一些形式的游戏需要工作台面，因此我们也可以考虑找一处空间，摆放高度与儿童年龄相应的桌椅，椅子的高度应齐儿童腿长，儿童坐下时桌子齐胸高。

如果孩子对绘画感兴趣，我们可以考虑在墙壁上预留空间用于绘画。例如，用胶带固定几张包装纸，孩子可以在上面涂涂画画，而不会破坏墙壁。

卧室也是脱去衣物的场所。在与自己齐平的高度，幼儿应该可以清楚地看到他们的衣服，以便自行选择穿搭，把自己穿过的衣服放回去。因此，衣柜的高度要合理，门不要太高太重，以便孩子可以轻松打开。挂衣架应大致与肩等高。有必要按照季节整理衣物，还可以用标签或纸板将衣服分开存放，

以帮助孩子建立起衣物与天气的关联性。此外，我们还可以添置一个衣柜或一组抽屉，用于收纳小一点的衣物。衣物要进行分类，每个抽屉都应专门放置一类衣物，像是袜子和内衣、毛衣、裤子、运动衫，等等。

在每个抽屉上贴一个漂亮的标签，标签的粘贴要能与儿童一起轻松地完成，这样做可能非常实用。标签用来描述其中收纳的衣物，以便幼儿可以轻松地记住每件衣服的用途。

最后，卧室显然必须有一张床。根据蒙台梭利的说法，儿童必须能够独立地上下自己的床铺，以满足他们休息之需。因此，床的高度必须尽可能低，地板上摆放一张床垫也很不错。正是因为儿童必须有随心所欲地上下床的自由，所以不应该被关在带栅栏的笼子里。

如果床不设栏杆，那么低矮的床就会非常安全；市场上可以找到不同床型，其中一

些仅有木床的结构，而另一些的结构看起来就像设在床垫上的房间。

浴室

浴室是有水的地方，因此对我们的孩子极具诱惑力。对他们来说，开关水龙头是一项趣味性极强的活动，尤其是他们成功地让水流喷涌而出，射至地板的各个角落的时候。洗发水和沐浴露容器清空后，成为可以反反复复填满倾空的器物，瓶盖可以变成漂浮在水槽或坐浴盆中的小船。另一方面，海绵非常适合练习挤压和淋水。我们可以做出决定，和孩子一起使用一些家居用品进行水上游戏，将它们摆放在浴室柜内的盒内或篮中。

浴室也是练习与个人卫生有关的各种习惯的空间，如果我们自小就给予他们机会自行尝试，孩子就会被这些习惯所吸引。在这方面，我们可以使用适于他们小手持握的小肥皂条，

把两条不同颜色的毛巾悬挂在他们够得到的高度，以便他们可以区分哪条擦手和脸，哪条用于私密卫生。一般来说，最好留出专属空间摆放孩子的东西，比如他们的牙刷、面霜甚至尿布，必要时他们自行拿取，从而在保持自己的个人卫生习惯方面与父母进行合作。理想情况下，我们应该让孩子有机会自己使用水槽，为此我们也可以使用学习塔，就像我们在厨房里所做的那样。另一方面，如有可能，设一个可以安装小水槽的低矮浴柜，或是摆一个装水的洗脸盆，镜子悬挂的高度与儿童身高相应，架子上整齐收纳洗手洗脸用品、梳子和几条备用毛巾，会让儿童更加方便。这个小站让孩子有机会每天自己洗漱，完善自己的能力。

模仿大人很容易养成个人卫生习惯，因此我们不难相信，小朋友想要拥有能够回想起父母习惯的物品，例如香水、化妆品、剃须刷和剃须刀、发夹等。在这种情况下，我们也可以找一找这些物品，如香水小样、用完的化妆品，或是用过的剃须刷和没有刀片的剃须刀，放在他们触手可及的地方，存放在架上的盒中。

幼儿大约2岁的时候，有必要在浴室里放一个便盆，每位父母都可以为自己的孩子确定最佳时间，这样他们就可以在盆中大小便，知道自己生成何物，这是控制括约肌和膀胱的关键一步。孩子通常会认为坐在小便盆上更安全，他们可以自己坐下和起身，在冲水马桶上就不一样，孩子悬空待在地面上方，安坐在一个大洞上面，如果没有成年人的帮助，他们便无法下地。

准备齐全的工作材料

"探索环境，智力借此构建起丰富的实操概念，如果不进行探索，抽象的实操概念便是空中楼阁，缺乏精度准度，缺失灵感。这种关联性通过感官和运动得以构建。"

为了践行蒙氏教育，显然我们需要工作材料来组织幼儿活动，让他们借由具体体验得来的教训，提升自己的能力。

蒙台梭利观察到，儿童对世界的认知发展源于天赋本能，这是一种实施有意义行为的冲动，她称之为"内在老师"，通过实践经验得以显现。成年人的任务是为儿童提供进行自主教育所需的条件和工具。

据她观察，她发现儿童不时想要抓取东西，来回把玩，通过他们的手和感官探索现实。因此，她制作了一系列的工作材料，称其为成长所需的工作材料，因为这些材料让儿童参与到实用游戏之中，通过感官探索来促进他们的认知和情感发展。"感官材料是一系列物品，根据某种物理特征进行分类，如颜色、形状、大小、声音、质地、重量、温度等。"

这些工作材料是实验研究的成果。换句话说，它们是根据特定的学习目标设计建构的，通过观察儿童对提供的刺激做出的反应加以验证。

这些工具将概念具体化，帮助儿童理解概念。这些工具实现了在做中学，逐步在抽象的过程中陪伴孩子同行。自孩子的第一次感官体验开始，在孩子逐渐征服语言、算术和几何的过程中给予助力，直至获得历史、地理、文学等方面的文化洞察力。

所有工作材料都有专属特性。

每一种材料的制作，都将某一独立属性，例如颜色、形状、大小、声音、质地、重量等，作为孩子的学习对象。

实现这一点，凭借的是根据不同的属性将外观相仿的物品区分开来。例如，工作材料的外形可能大小相同但颜色各异，这样更

容易吸引孩子关注颜色，而不会因其他信息分散注意力。工作材料划分层级，这意味着每组物体属性相同，从"最小"到"最大"的等级不同，因此对两个物体加以比较，其特征清晰可见。

区分蒙台梭利工作材料的另一要素是查找错误。形状分类器就是很好的例子，就实心物件来说，几何形状的物件必须插入与其形状对应的孔槽，这样，任何错误都能一目了然。如果儿童试图将某一物件插入与其形状不符的孔槽中，就会遭遇失败，不得不去寻找另一个孔槽。正是由于他们的行为会得到这种即时反馈，儿童才能自行意识到自己是否已经认识形状，寻求其他操作技巧。小手把玩实物的形状，儿童可以发现角、线、曲线，注意到形状之间的差异，寻找相应的孔槽。

与环境一样，工作材料也必须兼具吸引力、整洁美观。木制玩具有有趣的纹路，更有分量，往往具有美感，因此在蒙台梭利世界中最为常用。

工作材料必须让孩子有可能进行操作，即发挥积极作用。它必须是孩子可以用来完成某事的某种材料；如果孩子能够搭建、调整、移动和组织材料，就会激发他们的兴趣，使他们注意力集中，形成学习内容。心手密切相关，各种活动都必须用手来完成，因为手由思维引导，思维的发展要靠手实现。或许可以这样说，幼儿用手进行思考。

如前所述，游戏的材料必须定量。孩子需要在适宜的时机使用相宜的物品。因此，就要学习的每种属性来说，如表示形状、颜色、数字等的某种属性，拥有一套工作材料足以满足需求，定期更替，建议以新换旧。

蒙台梭利建议分三步向儿童展示这种成长工作材料：

1. 向儿童提供工作材料信息

例如，在介绍形状时，画一个圆圈，告诉孩子"这是一个圆"，然后递给他们圆形的材料，让他们仔细查看，重复这种形状的名称。采用同样方法介绍另外两种形状，例如正方形和矩形。

2. 通过名称识别工作材料

将多种形状的材料放在孩子面前，让他们拿起你所说的形状，例如圆形。如果孩子选择了不同的形状，不要表现出他们做错了，而只需告诉他们所拿形状对应的称呼，将其握在手中，看着它，再将其交还给孩子。你的手中拿起正确的形状，此处就是圆形，仔细查看，递给他们之前大声说出这是圆形，这样便重复进行了前述步骤1。

这一步骤至关重要，可以多次重复，变换演练方式，例如，让孩子把某一形状放在

特定的地方，用他们身体的特定部位将其捡起，或者在房间内众多物体中把它找出来。在我们确定孩子已经吸收了有关形状的信息之前，我们不应进行下一阶段。

3. 收纳工作材料

这一次我们邀请孩子说出我们手中材料的形状，问一问他们："这是什么形状？"如果他们没有正确回答，我们要回到步骤2。

在蒙台梭利学校，除成长所需的工作材料之外，还提供与现实生活相关的练习。现实生活活动对儿童最具吸引力，因为这些活动将他们提升至成人的水平，让他们觉得自己有能力完成重要的活动，立见成效，从而增强他们的独立自主感。

完成现实生活琐事与完成现实目标的活动需求一致，诸如洗手、穿衣脱衣、系鞋带、

调试、清理、除尘、洗衣、熨烫、照顾植物、准备点心。通过这些练习，儿童提高了自己的协调能力、粗略或精准的运动技能、连续动作规划及保持注意力的能力。

我们还要牢记，对儿童来说最有吸引力的玩具便是货真价实的实物。当我们注意到孩子对我们拥有的某件东西感兴趣时，我们往往会去购买塑料或木制的复制品，但当我们看到孩子对这些不如对实物那么感兴趣时，就会感到非常失望。儿童发刷不如实物发刷那么吸引人。塑料咖啡杯没有妈妈早上用的陶瓷杯令人感兴趣。塑料苹果与厨房桌子上那个水灵灵、沉甸甸、香喷喷的红苹果完全

是两回事。

然而，一匹塑料或者木头材质的马可以供人触摸把玩，比卡片绘就的马更能令人产生兴趣。尤其是在早期阶段，吸引儿童的是实物照片，而非需要某种抽象能力理解的画像。一般来说，儿童只需要按下按钮，等待出现游戏的音画效果，所有这样的流行游戏都令人兴致缺失，因为儿童无法发挥主动性。儿童用钢茶匙敲打陶瓷杯，用木勺敲打锡盒，摇晃一袋坚果，这样发出的声音，对他们来说比玩具中程序设计出的假声有趣得多。感官材料及实践活动必须根据儿童的兴趣设计，随其年龄和成长阶段而有所差异。正如蒙台梭利所说："根据

经验，唯一适合开展教育的工作材料，是儿童真正感兴趣、自发保持兴趣的材料，因为儿童会一次又一次选择它。"因此，确定他们可能感兴趣的内容，要靠父母的关注及其与他们相处的经历，但请记住，工作材料必须满足儿童的需求，反过来则行不通。这意味着，如果我们注意到他们对颜色兴致缺失，却仅仅因为他们处于应该对颜色感兴趣的发展阶段，就向他们建议或是反复提议该活动，这样的做法徒劳无益。相反，我们应该更多地关注他们发出的信号，当即为他们提供最适宜的工作材料，避免他们错失对其他学习领域产生敏感性的良机。当我们阅读蒙台梭利工作材料的特点时，

自然而然地产生一个问题，这些材料真的适合开展游戏吗？在成年人的心目中，与游戏相关的活动基本等同于分散注意力及休闲娱乐。我们的社会将休闲视为工作的对立面，工作卓有成效却费时费力；游戏轻松愉快，但缺乏建设性。因此，我们就能理解，将儿童娱乐归入价值不高的活动顺理成章。蒙台梭利转变了这一观点，她认为儿童游戏是一件严肃的事情，儿童在嬉戏的同时完成了工作；在自娱自乐的同时，建立起个性。儿童在放松的同时，完成了某些至关重要、极其严肃的事情，因为他们正在形成个性。因此，这个问题的答案是肯定的，学习教具用来进行游戏，游戏就是学习。

自制工作材料的家长适用的蒙台梭利教育法：蒙台梭利的工作材料及适合家庭开展的活动

家中拥有精选的蒙台梭利工作材料，绝对是助力孩子成长的选择。尽管如此，你还应该预先考虑一下，你是否也是一位决定让孩子进入蒙台梭利学校的家长？还是仅对这种方法感兴趣，希望将其融入你的家庭环境？

在第一种情况下，你应该确保学校使用的材料与家中不同，避免混淆，防止你和老师向孩子展示材料的方式可能不尽相同。如果想在家中如实复制蒙台梭利学校，很多市面有售的工作材料可以实现这一想法；然而，在这种情况下，接受更为具体的培训，以便从教育的视角有意识地正确使用材料，这样做大有裨益。

如果只是想通过为孩子提供引起蒙氏教育法效果的活动，形成你专有的类似蒙氏的教育方式，那么就会遇到游戏选择和创建活动的问题。

设计蒙台梭利游戏及玩具

我们可从市面上买得到的玩具着手。首先，我们可以开始购买更符合蒙台梭利原则的产品，即我们可以购买符合特定标准的玩具。我们要确保任何一款游戏的商品名录不会过于

繁杂，即颜色各异、形状有别、大小不一的玩具不会混放在一起。这些概念划分得越多，对儿童来说玩具的内容就会越清晰，他们就能够独立使用。我们使用玩具的目标，就是让孩子能够完成动作，邀请他们开展活动，而不是让他们在操作玩具时处于被动状态。

因此，积木、造型黏土、裁剪形状、完成拼图、摇晃和演奏类乐器都广受欢迎。我们应该更多倾向于目标设定明确的玩具，比如，学习如何切水果，抓握微小的物件，重组拼图形状，将相应的形状或颜色建立联系。

我们要营造演奏乐器的空间，即使是简单的乐器，从而让孩子对节奏产生敏感性。

我们一定要记住，需要完成的活动至关重要；提供孩子可以把玩的有形物件，视其年龄阶段，鼓励他们使用手指颜料、陶土和橡皮泥，这样做非常重要。

对于幼儿，我们更青睐有形工作材料，或者更确切地说，那些他们可以触碰、摸索

的三维材料。自3岁起，人们可以逐步开始将有形材料与诸如照片图片之类的二维材料结合在一起。

通常情况下，所有活动都应选用取自现实世界的材料。蒙台梭利认为，幼儿还不能理解幻想和抽象事物，因此提供给他们的工作材料中的人物是虚构的人物，或是取材童话世界的人物，这样的做法毫无意义；这样的材料会引入另外一个世界，拉大了与现实距离，可能会令儿童产生困惑。儿童无法抽象理解，无法建立虚构世界的概念，无法证明本不存在的事实。所以至少在早期阶段，借助取材现实生活的材料，对他们的成长发育大有裨益。

考虑到这一点，寻找适合在家中进行蒙氏教育的任一类型、任何材质的工作材料，借此我们可以释放自己的主动性。

环顾四周，屋内有成长所需的各式工作材料，如厨房用具、海绵、抹布；彩色蜡笔、剪刀和胶水之类的文具用品；诸如大米、黄

豆、干果、各种形状的通心粉、面粉、香料之类的食物；形状各异、大小不一的罐子和盒子、织物、纽扣，还有绳子。

但是什么样的游戏方法才能使工作材料符合蒙氏教育法呢？

1. 陪孩子做游戏的方式。

陪孩子做游戏的方式各种各样，采用蒙台梭利游戏意味着真正享受一起游戏的乐趣。首先，它意味着以平等身份坐在孩子身旁，意味着希望自己心平气和、不厌其烦，希望自己在完成某项活动时也能如此，意味着心绪不受纷乱的念头打扰，安心地共享时光。感受到我们的兴趣发自内心，看到我们玩得开心尽兴，这会给孩子带来极大的满足感，因为这让他们感受到自己的重要性，在情感上为人喜爱。如果成年人采取严格的学究式的教育法，那么活动就会变得僵化呆板，即使表现力尚佳，也令儿童感到疲厌。我们一定要记住，儿童应该在执

行活动中享受开心喜悦。其次，他们自娱自乐的同时也在进行学习，因为蒙台梭利工作材料始终旨在锻炼某项技能。

2. 工作材料可以让孩子在游戏的同时锻炼、提高技能。

成长所需的工作材料和实践活动始终有的放矢。

3. 工作材料的呈现不应不分时机，而应基于观察孩子的兴趣，有策略地提出建议。

4. 完成游戏的方式，可以没有大人引导纠偏，孩子自行参与。

每一种工作材料都以某种特定属性为核心，孩子能全身心投入其间。材料的设计要可以检查错误，从而确保孩子自主地指导自己的行动。

在此列举几例。

我们可能已经注意到，孩子反复触碰不同形状的物体，用手摸索。接下来我们决定给他们看一些解决形状问题的材料。我们可以拿一些简单的木制形状分类玩具，这些玩具市面有售，或者带有各种形状孔槽的盒子，这些盒子由我们自行在家中制作。我们遵照蒙台梭利提出的三个步骤，给孩子展示用小纸板或者木头制成的各种形状。随后，我们建议孩子将这些形状插入相应的开口。根据这一小小的形状插件是否匹配，可以插入孔槽，孩子随即就可以判断出自己的动作是否正确。

还有一种情况，我们观察到孩子自行将相同颜色的物体进行配对，例如将瓶盖与相同颜色的容器联系在一起。据此，我们提议开展一项区分颜色的活动。我们拿几枚彩色纽扣，所选颜色不超过四种，例如红色、黄色、绿色和蓝色。然后，我们拿几个透明瓶盖，与盖中纽扣颜色相同的一张卡片，于是便得到了一个蓝色底的瓶盖，一个黄色底的瓶盖，依此类推。孩子必须按照颜色将全部纽扣放入瓶盖内，接下来我们向他们演示如何玩这个游戏。瓶盖呈现出的颜色，让孩子立即注意到自己是否将纽扣放在正确的瓶盖内，或者他们是否误将纽扣放在不同颜色的瓶盖内。事实上，纽扣都是一样的，只是颜色有所不同，将颜色属性区别开来，孩子只需就这一方面进行工作。此外，每种颜色的纽扣数量相同，这能确保孩子仅就颜色特征展开工作。

通过这种方式，我们立足不同层面展开活动，依照孩子的兴趣，通过锻炼孩子精湛的动手能力及解决问题能力，让他们有机会自主练习，活动期间他们一直都是自娱自乐。

如果孩子自己不能善用查找错误怎么办？

可能会出现这样的情况，孩子无意识犯下错误，未能充分利用错误控制策略。这一信息非常重要，因为它告诉成年人孩子还没有做好准备进行特定活动。孩子有一位内在老师，引导他们成长，自然而然地开发他们的潜力，如果我们能回想起这一点，那么前述行为便能让我们明白，我们提议的这项活动不符合孩子所处的发展阶段及其兴趣爱好。因此，可以将这项活动搁置一旁，以后再提议。如果孩子准备好接受这种任务，他们会自动运用自己的错误控制策略。

不过，我们如何才能知道，该提议孩子完成何种适宜的游戏形式呢？

回顾前述内容，再次强调一个业已阐明的概念，即观察是蒙氏教育法中不可或缺的要素。成为蒙台梭利父母要具有耐心，观察入微，不去干扰打断，静待孩子的一举一动，理解错误的意义，顺应孩子在认知和情感方面的进化冲动。观察孩子会让我们注意到他们行为上

发生的变化。举个例子，如果我们走在街上，孩子开始留意细节内容，那么就表明了他们想开始将这个世界分门别类进行对应。日复一日，孩子可能开始对动物或植物着迷，领悟它们名字的发音，他们可能是在展示对语言产生了不同以往的兴趣；他们可能会不断去寻找可以手持指握的小物件，或者他们可能再次尝试拧开瓶塞，打开合页，他们的这些行为是在告诉我们，自己可能需要精细的运动活动。我们可能会注意到，孩子在面对颜色盒时会立刻不耐烦，却花费大量时间试着爬上沙发，在地板上打滚，或坐在椅子上，他们的这些行为是在表达，自己需要运动和身体体验。再或者，我们可能会看到他们花时间填充、清空容器，他们的这些行为是正在践行空或满的概念。

借由观察儿童身体姿势收集到的线索，我们可以了解他们可能需要什么样的活动，那么我们就可以使用家中之物或是购买特定的物品，进行活动准备。

接下来，这些刺激可能为孩子接受，也可能不为其接受；成年人提出活动建议，向他们演示如何完成，静待回应。如果我们看到他们专注于活动，那么此项活动适合孩子，他们在付出中感受满足感，不断重复，乐此不疲。无论何时，孩子发现了适合开启自己敏感的学习窗口的活动，在或长或短的一段时间内就会想要不断重复。这是创建强化大脑新连接的阶段，因此必须悦纳并支持重复活动。

如果孩子饶有兴趣，那么成年人必须继续活动，甚至要创建同类学习相关的各色活动。然而，如果孩子对某种游戏形式兴致不高，那么成年人可以将其搁置，重新观察孩子，以便想出适合其当下发展阶段的全新活动思路。儿童一直都是蒙台梭利各项活动的行动指南。

如何陪孩子做游戏

陪孩子做游戏需要投入耐心，保持冷静并给予信任。

建议大家让孩子自由选择游戏活动，可以任其自由选择，也可以像面对低龄儿童那样，让其二选一，比如"你更喜欢玩形状分类器还是选颜色"，这样做是让孩子完成选择，聆听自己的喜好愿望。

我们可以按照蒙氏教育法的三大步骤，向他们提供成长所需的工作材料，静候他们

的回应；如果是创意游戏或棋盘游戏的话，我们还可以让孩子自己仔细观察工作材料，寻求我们的帮助，从而在无法预判他们发现结果的情况下，关注其需求。

如果孩子犯下错误，或是完成活动很吃力，最好深吸一口气，去领悟等待的价值。我们必须这样想，孩子使用物品的方式并没出错，他们尚未遭遇需要我们立即介入的艰难时分，只有他们明确提出要求时，我们才能介入。我们不要去考量他们实现目标所需的时间；这种情况并非徒劳无功，而是一次大有裨益的专注体验。通过自己的努力，孩子正在亲历绝佳良机。他们正在激活自身技能，从而开展目标性活动。该过程结束时，孩子也已发现一项新技能。如果我们插手介入，就会中断这一过程，于是这一发现就被阻滞。

在游戏时间，如果我们看到孩子想要进行互动，无法专注于某项独立完成的任务，我们可以与他们聊一聊。当孩子和我们讲话时，我们可以说一些推动他们将话题继续下去的语句，促进对话的进行，例如："真的吗？接下来发生了什么？告诉我，我听着呢。"你也可以重复孩子刚刚说过的话，证明你一直在听；你还可以解释和描述孩子的行为，可以这样说"我们在喂奶牛""我们在寻找圆形的孔槽"，或者"我们在用黄色的铅笔着色。"

同样的方法也适用于应对他们的情绪。我们可以用语言描述孩子对某些情况做出的反应。例如，如果孩子因为游戏失败而生气，我们应该将我们看到的情绪解释给他们听，例如可以这样说："我明白，没能把圆形插入孔槽让你很生气。"显然我们要避免指责、批评或贬抑孩子表达出的情绪。当我们看到孩子完成某项活动很吃力，想要放弃时，我们的任务就是鼓励他们，告诉他们不应该放弃，只要多多付出努力，他们就能成功。我们必须找到适宜的表达方式，能够强化承诺和努力的价值，深化承诺带来的满足感。

推荐游戏活动

在本节内容中，我们将探索蒙台梭利实验室中的生活。准备好将家中的厨房、客厅里的桌子或是小地毯改造成真正的儿童工作空间，在那里你可以守护孩子发挥创造力，操作物品，学习领悟，专注活动，尝试犯错，尽享欢乐时光。

你会直接见证他们取得成功，骄傲地见证他们的成长。不过别担心，这些活动并不复杂，无须遵从繁多的步骤，不用准备众多难觅的材料。恰恰相反，大多数推荐的游戏活动使用的都是可回收材料，以及你家中有备或是易于购买的物品。通常情况下，这些活动都是精心设计，简单易行，人人适用，操作快捷，能轻松融入日常生活。茶点时光、准备午餐或是打扫房间，都可以成为培养能力不可多得的良机。即使是最简单的游戏最终也可以具有极高的教育意义。我们呈现游戏的方式至关重要。

对于每项活动，你都能找到所需的材料，活动推动发展的教育目标，诸如获得实践技能、理解概念及培养认知技能，还能找到开展

这些活动的解释。关于如何实现活动的多样化，调整活动适应不同年龄儿童，本书也提出了建议，于是这些活动可以在孩子的不同成长阶段开展。秉承蒙台梭利教育理念，活动灵活多样，适合不同年龄段或不同发展阶段的儿童。因此，你只会看到，活动说明指出推荐游戏活动对应的大致年龄，说明活动难度等级，除儿童安全相关的措施外无任何限制措施。

不要害怕让你的孩子参与新的感官体验，因为这永远都会是他们成长学习不可多得的良机。精心选择材料，家长陪伴身旁令他们安心，借此确保儿童的安全，这一点极其重要。

另一方面，大龄儿童可以独立进行自己的活动，甚至可以忙着自行准备材料。所有推荐的游戏活动都可以激发 7 岁左右儿童的兴趣。你还可以在游戏中找到父母角色指南，可以融入其中，参与互动，也可以单纯进行监督。腾出一些时间让自己全身心投入这些活动，即使这些活动完成起来轻松快捷。在这些时刻，你与自己的孩子分享的积极情绪，会对他们获得新技能大有裨益。考虑为每项

任务分配一个精确划定的空间，让孩子学会理解自己的行为也有限度。此外请记住，每项活动自展示材料着手，材料的布置要清晰有序且有逻辑性，以整理工作台面收尾，这样孩子就会内化秩序以及明白保持自己物品整洁的重要性。

依照蒙台梭利为她的学校开发的活动结构，游戏活动分为三类：感官体验学习，日常生活实践体验及户外活动。

第一组活动包括19项游戏，儿童通过这些游戏练习手部腕部的动作，为书写作准备，刺激视觉、听觉的识别机能，开发自身的嗅觉。有关数字、字母和颜色的活动为学习这些概念提供了简单教具，即使在家里也能遵循蒙氏教育方法。

在第二组活动中，你将获得教授自己孩子的灵感，教他们如何注意个人卫生及打理衣物，如何让他们积极参加家务劳动，让他们感受到自己在家庭生活中的重要作用得到认可。

活动的最后一部分是户外进行的活动，目的是让孩子更接近大自然。根据蒙台梭利的说法，大自然被视为他们走向成熟之路不可或缺的伙伴。

诸君好运！

感官体验学习

创造性的数字学习

活动材料

A3 大小的橙色及绿色硬纸板，胶水，剪刀，马克笔。

活动目的

此项活动简单易行，让儿童学习 0 ~ 9 之间的数字，通过触摸和三大阶段课程帮助他们进行记忆。

活动方案

介绍数字的方法多种多样，在此我们提议用纸制胡萝卜开展活动。在橙色纸板上画 10 个三角形，尖端朝下。在每个三角形的中心，清晰地写下 0 ~ 9 之间的某个数字，也可以将这些数字打印出来，剪下数字用胶水粘贴在胡萝卜上。然后把胡萝卜剪下来，从 0 到 9 排成一排，放在一张 A3 大小的纸上，便于孩子能看清数字顺序。现在拿起绿色纸板，剪出 2.54 厘米宽且与三角形等长的 45 条纸带。

材料准备完毕。和孩子一起坐下来，孩子坐在你的左侧，面前放置由胡萝卜组成的数字序列。将数列拿给孩子看。用食指和中指触摸数字 0，描画其椭圆形轮廓，同时大声说三遍："我们这样写 0。"接下来重复该动作写数字 1。现在，让孩子重复你的动作，即用他们的食指和中指描绘数字 0 和 1 的形状。再让他们去指数字，"摸一下数字 0"；最后，指着数字 0，再指着数字 1，让他们告诉你这是哪个数字，"哪个数字是这样写的？"如果两个数字孩子都学会了，就继续学习接下来的两个数字；如果没学会就重新开始，让他们触摸数字 0 和 1。下一项任务是将数字与数量联系起来。拿起绿色的纸带，贴在每个胡萝卜上，纸带数量要与胡萝卜上的数字对应。

大声说出某个数字，同时始终用食指和中指触摸该数字，接着让孩子粘贴纸带。

让孩子注意，随着数字从 0 到 9 发生变化，后续数字上必须再多添加一张纸带。

该项活动将数量与数字联系起来，各种类型的物体皆可通用。

我们可以把数字印在卡片上，或者写在泡沫纸上，然后剪下来，变成三维物体；这样可以通过触摸更清楚地感知形状。我们可以准备一些装有物体的容器，根据它们所代表的物体数量，将各个容器放在写有某个数字的泡沫纸下。

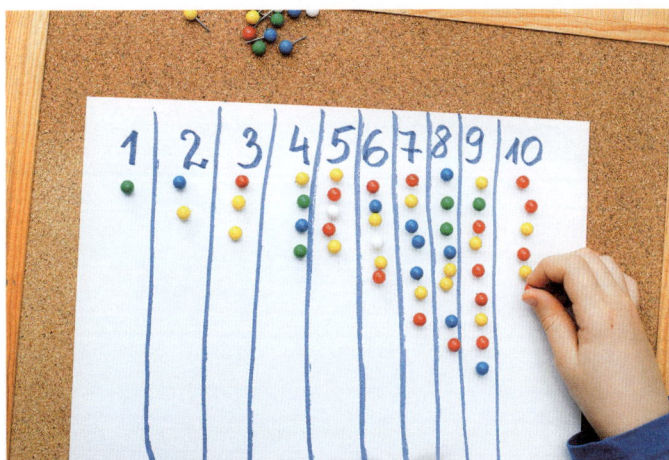

计算数量，
用干豆建立数量与
数字的联系

活动材料

10 个空广口瓶，一盘干豆，印在卡片上的数字 0～9，数字也可以用塑料、木材、泡沫制作。

活动目的

此项活动训练孩子建立数字和数量之间的联系，锻炼他们的精细运动技能。

活动方案

10 个广口瓶排成一排，数字放在瓶前。再将装有干豆的盘子摆在孩子面前，放在罐子前。让孩子将瓶前数字所示数量的干豆放入各个瓶中。活动之初先为孩子提供范例，一边说"这是 0"，一边用食指和中指轻点该数字。接下来提醒孩子 0 代表没有任何数量，所以在那个瓶子里我们一颗干豆也不要放。之后让他们独立活动。如果孩子做错了，不要予以纠正，让他们坚持到最后。

1 2 3 4 5

活动一完成，就要检查孩子的工作，让他们数一数各瓶中的干豆，看看得到的数字是否与瓶前的数字相同。

要想进行这项活动，孩子必须已经完成了数字 0 ~ 9 的相关练习，知道如何书写这些数字。

针对低龄儿童，只需让他们根据不同的豆类，诸如扁豆、鹰嘴豆、黄豆等，将干豆分类放入相应的瓶中，向你大声报数，于是他们在放豆入瓶时，开始记忆用语言表达的数字顺序。

可触字母构件学习字母表

26 块约 4 毫米厚的轻木或硬纸板，几个约 13 厘米的圆角方形，几个圆角矩形，用于制作 B、D、F、G、L、P、Q、T、Z，26 张细砂纸或布，剪刀，胶水，纸板或锡盒，一碗水，一条毛巾。

活动目的

此项活动是为孩子学习字母表中的字母做好准备，将他们的触感与声音建立联系，借此识别字母。触摸字母时相关的肌肉记忆能促进建立符号与声音间的联系。

活动方案

首先你要备好砂纸字母。这在市场上很容易买到，不过如果你想自己制作，以下是几条简要指南。在砂纸上绘制字母表中的字母，高约10厘米，你可以使用字母模板简化操作。把它们剪下来放在一边。

随后准备底座，理想情况下，你可以切割胶合板，裁出约13厘米的圆角方形，13厘米×9厘米的圆角矩形，你也可以找几个木制、塑料或软木杯垫，还可以用4毫米厚的硬纸板简单地裁剪制作。将砂纸字母用胶水粘在纸板的中心。你还可以使用不同触感的材料，例如布或其他柔软的材料。将纸板晾干。找一个硬纸板或锡盒，将纸板竖在其中。现在材料准备完毕；你可以按照三步教程向孩子进行展示。

将一盒字母、一碗水和一条毛巾放在面前，让孩子坐在你的左侧。随机选择三个字母放在桌子上，一个挨着一个摆放。轻轻沾湿惯用那只手的食指和中指，避免弄脏字母，延长其使用寿命，用毛巾擦干手指，描绘第一个字母的形状。一边触摸字母，一边发出该字母的读音，例如"B"，每个字母读三遍。轮到孩子完成时也让他们摸着字母，接下来继续进行下一个字母。问一问孩子："B是哪个字母？"对全部三个字母重复此操作。最后，在重复中验证孩子对这三个字母的理解程度，问一问："这是哪个字母？"

55

在面粉和沙子上写字绘画

一只深盆，也可以是一只木制或塑料材质的高沿托盘，沙子、食盐或玉米粉，带有砂纸文字的卡片，也可以是上面写有文字的手工卡片。

活动目的

在使用砂纸文字的活动之后引入该项活动，因为它有助于巩固孩子对文字书写形式的理解，同时锻炼腕部手部的运动，从而为书写做好准备工作；它还可以培养孩子的精细的运动技能及专注力。

2 岁以上　需成人监管

难度等级：中

活动方案

　　孩子坐在你的左侧，将材料放在孩子面前的桌子上。将沙子、盐或玉米粉倒入深盆或托盘中，盖满底部。将带有砂纸文字的第一张卡片，放在深盆或托盘前，也可以是自制的文字硬纸板。如果这些材料都没有，就准备一张印有某个文字的纸，重要的是逐一呈现文字。用食指和中指触摸砂纸文字，大声发出文字的读音，然后在沙子、盐或是玉米粉上重写文字。为孩子重复这些动作，所有文字都要过一遍。

　　还可以使用深盆或托盘练习手绘或是临摹，因为这些一直都是训练手部肌肉的最佳活动。

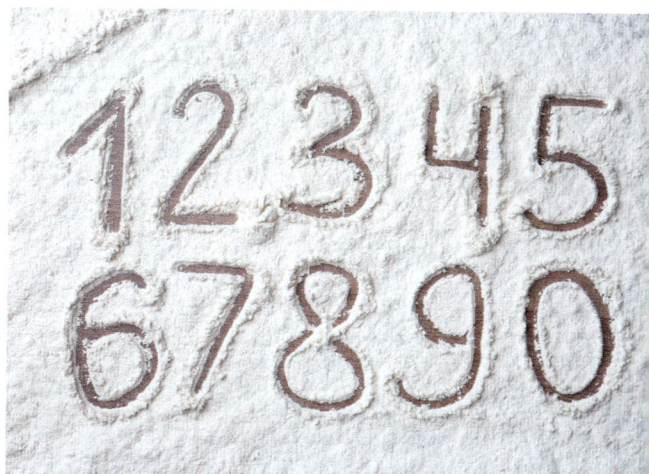

搭建一个
粉红的立方塔
学习比较大小

10 个粉红色木制漆面立方体,
自小到大进行排列,
大小分别为 1 厘米 ×1 厘米 ×1 厘米,
2 厘米 ×2 厘米 ×2 厘米,
3 厘米 ×3 厘米 ×3 厘米等。
最大的立方体为 10 厘米 ×10 厘米 ×10 厘米。

活动目的

这是蒙台梭利为人熟知的工作材料之一，通过比较物体的尺寸诱发有关物体大小结构的概念，教会孩子众多物体中哪个大一点，或是哪个小一点；该活动提高了精细运动技能。这是一种感官材料，让孩子通过感官感知来学习立方体的特性，孩子必须用自己的一整只手来抓握挪移物体，随着立方体尺寸的增加，手张开的幅度也增大。

活动方案

在市场上买来几个立方体，如果愿意，你也可以根据"材料"下的提示尺寸自行制作。

孩子安坐在你左侧，他们面前的小毯子上摆放着搭建好的立方体塔，按照自小到大顺序进行排列，这样孩子就可以看到活动的最终结果。然后将其推倒，旨在重新进行搭建。将几个立方体随意摆放在小毯子上。向孩子演示如何挪移建塔使用的立方体；要从上方持握物体，这一点非常重要，这样孩子就可以看到，自己手的张开程度随着运送立方体的大小发生变化。

将最大的立方体放在你面前，然后按大小顺序移动其他的立方体，直到整个塔搭建完毕。现在轮到孩子活动，让他们自己重新建塔，让他们随心所欲地去触摸、移除、翻转立方体，甚至任由他们在进行排列时犯下错误，工作材料已从外观上提示了孩子立方塔的摆

放顺序不对，因此这可以算作查错的独立机制。犯下一个又一个的错误后，孩子终会完成自己的工作。

2 岁以上　需成人监管

难度等级：中

学习颜色

黄色、红色、蓝色、绿色、橙色、紫色、粉色、棕色、黑色、白色及灰色的马克笔各一支，22 张 5 厘米 ×5 厘米的纸板，透明胶带，一个盒子。

活动目的

该工作材料的灵感取自蒙台梭利颜色配对盒 II，设计目标是让孩子识别颜色及其对应的名称。

活动方案

拿几张纸板，用马克笔上色，每种颜色两张（喜欢的话，你可以使用蛋彩画）。

用透明胶带沿着每张卡片的顶部和底部贴一条条纹，类似一个小框架。将材料放入盒中，用于存放卡片。

要开始活动了，将盒子放在你面前，孩子安坐在你的左侧。将桌上的所有色卡混在一起。接下来每次取红黄蓝三原色卡中的一种。举个例子，拿起红色卡放在面前，始终握住卡片的胶带部分，以免遮住颜色。这样说："现在我正在寻找一张这样的色卡。"找到另一张红色卡，将其放在第一张卡旁边。先出示其中一张卡片，然后是另一张，让孩子注意到颜色相同。把这对卡片收回盒内，继续进行活动。

拿起黄色卡，放在孩子面前，然后让他们寻找同色色卡。配对完成后，将两张

60

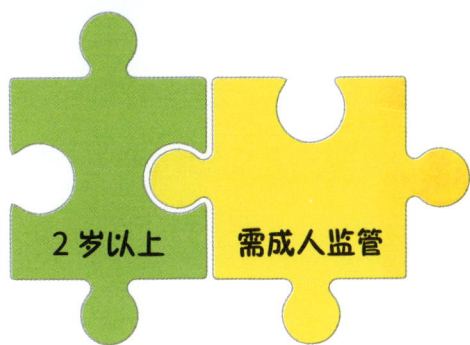

難度等级：中

2 岁以上　需成人监管

卡片放回盒内。以这种方式处理所有颜色。

　　一旦你看到孩子已经将颜色匹配充分内化于心，继续进行活动，介绍颜色的名称。按照先前的活动方式，把材料摆在你面前，孩子安坐在你的左侧。

　　拿出红色卡说"这是红色"，重复该颜色名称 3 遍。然后把桌上的色卡混在一起，问一问孩子："哪一张是红色的？""你能把红色的那张递给我吗？""你能把红色色卡放入盒内吗？"如果孩子成功完成，就接着

进行第三步。如果未能成功，则重新展示红色卡，全部活动再来一遍。此时你不必在意错误，只需从头开始。

　　最后一步，检查所有色卡，问一问孩子每张色卡的颜色名称。在孩子学会所有颜色的名称之前，需要进行一些练习；与此同时，你可以让他们从事其他活动，例如用不同颜色徒手绘画，将彩色衣夹固定在同色的色卡上，将色卡与同色物体配对，或者按颜色区分水果和蔬菜。

用水果和蔬菜学习颜色

~∽ 活动材料 ∼~

三个黄、红、紫的小容器，或是三个不同颜色的纸杯，一只盘子，上面摆放几片红色、黄色的辣椒和紫色的生菜。

活动目的

这是一项分类活动，通过该活动，孩子将颜色与日常生活中的物品联系起来，完成正常的家庭活动，借此学会区分颜色。

活动方案

用一只黄辣椒、一只红辣椒和几片紫色生菜制作沙拉，你可以利用这一机会开展此项活动。向孩子展示一只托盘，上面放着黄、红、紫三种颜色的容器及切好的

蔬菜片。指着三色彩色容器，借此提醒孩子各种颜色词。此时，指着第一个容器问："哪些蔬菜与这个红色广口瓶颜色相同？"提议将这些蔬菜片放入瓶中。

用同样的方法学习其他颜色。还有一种在厨房里玩颜色游戏的方法，拿出白、红、黄、绿、橙、蓝6种颜色的餐巾纸，展开放在孩子面前，让他们在厨房里转一圈，找寻水果和蔬菜，放在同色的餐巾纸上。

再说一种游戏，用一些刚刚切好准备倒入汤锅中的蔬菜进行活动。每次告诉孩子一种颜色，让他们选择该种颜色的蔬菜，说出这些蔬菜的名称、颜色，倒入锅中。通过这种方式，孩子学会彩蔬汤中蔬菜的名称及颜色词。

在家中花园学习科学

◦◦ **活动材料** ◦◦

土壤，小盆，也可以是酸奶盒、成卷的报纸、空纸筒、蛋壳之类的回收材料，一包种子，耙子，勺子，水壶，笔记本，相机。

活动目的

如果能采取一些预防措施，即使在家中也可以进行园艺活动；这些活动有助于孩子了解自然、生命周期和植物科学知识之类的重要内容（例如植物生长所需营养，植物发芽过程等）。

活动方案

你可以为孩子整理一个盒子，让他们存放所有劳动工具。你还可以与孩子一起准备一个小笔记本，用于留存植物的图片照片、植物生长笔记、互联网汇集的信息、显示植物逐渐生长的照片，及相关笔记，记录使用的土壤量、选择的种子类型、植物浇水量、叶片特征、消灭伤害幼苗的寄生虫、生长的不同阶段等。收集空蛋壳之类的可回收物品，借此开始种植小型植物。让孩子用勺子在每个蛋壳里倒一点土，然后将种子插入土壤中，首先检查种子应埋置的深度。你应该选择发芽时间不长的种子，比如黄豆，这样孩子便学会了等待，亦能在短时间内看到自己工作的结果，获得满足感。向他们演示如何温柔地浇水，确保浇水不会破坏土壤。植物初冒芽尖时，一定不要忽略孩子的言语表达！

用造型黏土塑形

蜡布，造型黏土，一个小擀面杖或一
支粗记号笔，一把塑料刀，三个不同
大小的瓶盖，三个不同大小的广口瓶
或杯子，两个核桃壳，一个衣夹，
一支未削尖的铅笔，一支塑料叉。

66

活动目的

对孩子来说，制作模型是一项激发性很强的感官活动，因为其涉及精细运动技能，激活手部、腕部的肌肉，揉捏的身体活动激发了专注度及创造力。

活动方案

首先，我们必须教会孩子在固定平面上进行工作，所以将蜡布铺在桌子或地板上。然后把所有的材料放在一个托盘上，有序分开。一个杯装造型黏土，如果黏土颜色不同放入多个杯中；一个盒子装切割或压痕工具，如塑料刀、未削尖的铅笔；一个盒子装推碾黏土的工具，如擀面杖或粗记号笔，以及所有可以随意处置的与儿童年龄相应的各种模具，如瓶盖、衣夹、眼镜、帽子、塑料叉、胡桃壳、曲奇刀等。作为一项活动，制作模型极具创造性，所以要赋予孩子机会，自行探究各种材料，揉捏、挤压、切削、截断、揉搓黏土，或将其分成小块，每一个动作都深受孩子喜爱。

对于大龄儿童，你可以建议以实物为模型，重塑仿真轮廓或几何形状。

18 个月以上　　需成人监管

难度等级：低

另一方面，低龄儿童可能想把黏土分成糖块大小的小块，不想使用模具，任由他们按直觉行事；他们自己会发现面团上会留下自己的指纹，从此处着手，开始制作模型。

穿珠
或穿其他材料

绳子，毛线或尼龙线，橡胶管，通条，几个装有各类带孔通心粉的碗、中号大号的钮扣或珠子。

活动目的

此项活动非常好玩，妙不可言，可以培养精细运动技能、手眼协调能力和专注度。

活动方案

放一只盘子在孩子面前，摆上全部材料。然后向他们演示如何进行活动，开启活动，逐一解释你的各项动作。

从现有材料中选择一种线。在众多物品中找出一个孔洞大小与线匹配的材料。如果线较之于孔过粗，则无法顺利插入；这自然令你不得不调换对象。

在线的末端打一个结，向孩子解释我们这样做是避免材料滑落。用惯用的那只手拿起一件物品，用另一只手将线从孔中穿入。让孩子看一看物品如何沿着绷紧的线滑落，滑至打结处。

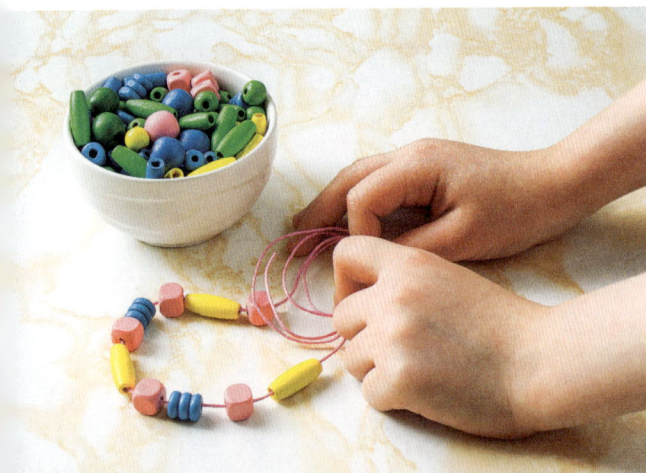

接下来，重复该动作。此时，让孩子随意处置材料。他们可以继续制作项链，或是重新开始另制作一条。在成功穿过第一个物品后，他们一定能体会到满足感，会轻松愉悦地重复动作序列，甚至换用其他各种类型的材料。

建议大家给低龄儿童只留下一种线，就是最粗最硬的那种线，因为这种线更容易操作，更容易逐步过渡到其他种类的线。留心不要让他们把小物件塞入口中。

手指画

～∽ **活动材料** ∽～

硬纸板，白色包装纸的纸筒，用过的白布或一件白色旧 T 恤，透明胶带，工作服，
旧纸及手指画颜料。

70

难度等级：低

活动目的

　　绘画是一种重要的感官体验，通过这种体验，在观察自己身体的每个部位形成一道色彩的同时，孩子学会感知表面的触感，尝试使用颜色，自由发挥他们的创造力。孩子能长时间保持专注力，是因为他们观察到自己的动作能产生赏心悦目的视觉效果。

活动方案

　　选择一个没什么家具的房间，最好是花园或阳台，清理地板上的地毯及其他杂物。给孩子穿上工作服，这样他们弄脏了衣服也不成问题。如果季节适宜，可以让孩子尽可能少套些衣服。铺一张旧布，用透明胶带将其固定，以便标注着色空间。在中间位置摆放几个颜料罐、几张纸、白色包装纸纸筒、一件T恤还有几块硬纸板。接下来打开颜料罐，在你的手指上涂上一点颜料，把它抹在一块硬纸板上，帮助孩子了解游戏的开展方式。此时，让他们自由地仔细观察颜色，以及用身体任意部位在其上自由绘画的物体表面。

　　对于低龄儿童，利用颜色来了解身体是件好事。所以在他们的手、膝盖和肚子上涂色，再让小朋友在我们的身体上涂色。向他们演示如何在脚丫上涂色，并在旧布上留下脚印，这一点非常重要。建议大家从单一颜色入手，这样他们可以一次学习一种颜色，几天后再逐步引入一种新颜色。

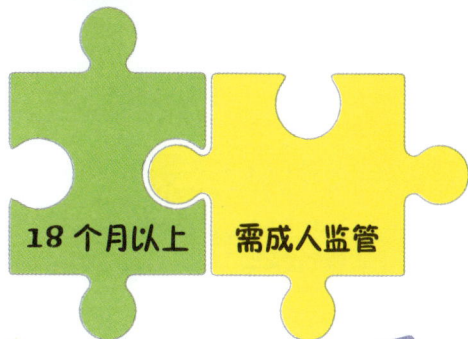

识别水果和蔬菜
的味道

难度等级：低　18个月以上　需成人监管

∽ 活动材料 ∾

三只碗，内装三种不同味道的水果和蔬菜切片，诸如代表甜味的草莓或香蕉，代表咸味的橄榄，代表酸味或苦味的柠檬、葡萄柚或是黄瓜。水果和蔬菜可以根据个人喜好进行选择，重要的是呈现对比鲜明的味道。

活动目的

通过玩识别味道的游戏，孩子可以训练自己的味觉。

活动方案

给孩子一个托盘，上面是装有水果和蔬菜的几只碗。遮住他们的眼睛，把第一个碗递给他们，让他们吃了告诉你碗中物的味道，如甜、咸、苦或酸，以及碗中物的平滑度，如硬、软或柔滑细腻，接下来告诉你是哪种水果或蔬菜。由于各种食物切片活动后都可食用，所以要特别注意食物切削的形状，避免切成圆形。你也可以在茶点时间开展这项活动，准备一份由几样水果切片制作的精美沙拉。

对于幼儿，你可以开展同一活动，不过不用遮住他们的眼睛，也可以给他们看一看水果切片，他们完全可以舔上一舔，接下来给他们看制作切片的完整水果，以训练他们的味觉和联想能力。

73

通过气味识别香料

活动材料

六个密封的广口瓶，
每个瓶内装有几匙香料，可以是粉状的香料，
也可以是切成小片的香料。
装在原装容器中的同种香料，一个眼罩。

活动目的

嗅觉是最重要却最容易被忽略的感官之一，因此有必要训练孩子区分气味及通过嗅觉识别食物。通过该项活动，孩子还可以训练知觉、反应力和词汇量，识别厨房里的物品。

74

活动方案

向孩子展示不同的广口瓶，解释每个瓶中装的香料。还要向他们展示装有粉末状及整块香料的瓶子。给孩子戴上眼罩，递给他们第一个瓶子，让他们闻一闻瓶中的物品。接下来让他们描述自己嗅到的气味，以及自己产生的反应，是否心情愉悦，气味是浓烈还是清香，接下来，让他们识别香料。此时，你可以将广口瓶与对应的香料容器进行匹配。

同一活动可以重复适用于气味不同的食物，例如咖啡、醋、香蕉、一袋调味茶，或是甘菊、蜂蜜、橄榄等。

各类通心粉
分类放入容器

活动材料

四只空广口瓶，
用来放置四种不同形状的通心粉；
四个容器，每个容器能装 12 片通心
粉；一个沙拉碗。

活动目的

这是一项涉及选择分类的活动，
可以激发孩子的类别观，锻炼他们
的视觉识别、选择性注意力及精细
运动技能。

活动方案

每个空广口瓶中放入一片通心
粉，以标记各瓶中装的通心粉类型。
让孩子将通心粉重新分装到对应的
瓶中。随后，你可以将所有类型的
通心粉混在一起，放到沙拉碗之类
的一只碗中，接着再次让孩子将通
心粉重新分装到不同的瓶子中，以
瓶中提前放入的那块通心粉为参照
物，这可以帮助孩子检查错误，自
行纠正。

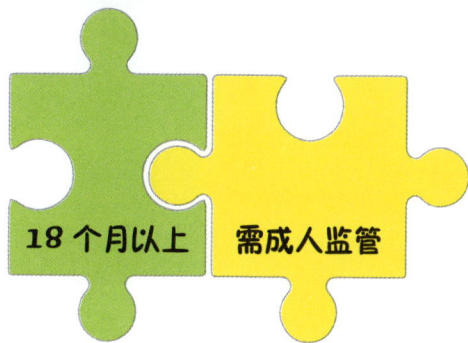

用土豆制作印章

三个软蔫的土豆，土豆放置时间有点长，不宜食用；一把刀或一把切纸刀，几张纸，蛋彩画颜料，
上色用的纸板，印花模具，饼干刀，也可以用硬纸板。

78

活动目的

此项活动有助孩子理解前后的概念，提升精细运动技能和手眼协调能力，增强创造力。

活动方案

把土豆切成两半；视孩子的年龄而定，孩子可以自行完成，你也可以只让他帮帮忙，让他们给你递递东西，观察你的动作。接下来拿一个饼干刀，压进土豆里，直到压制成形。清除刀具旁边的土豆，一个土豆的浮雕图案就跃然显现。印章准备完毕。用同样的方法处理其他土豆，视年龄决定孩子是否尝试自行完成。孩子在你的监管下使用刀具，这一点无须担心。向他们演示如何使用刀具，如何在不割伤自己的情况下持刀，如何按压，将土豆切成两半。接下来将蛋彩画颜料倒入碟中，放在孩子的右侧，始终从左到右进行操作，接下来在一张纸上操作。拿起土豆，蘸取颜料，再将其按在纸张上。这就是你的印章！

用这种方法，你还可以在印章上画一个字母，进行组词游戏。如果没有合适的模具，你可以进行简单制作，用铅笔在硬纸板上画出字母或数字的形状，再将其剪下。将塑形纸板放在土豆中心，用刀具进行切削，除掉图形周围的土豆，图形浮雕便跃然显现。你可以制作任何图形！

对于低龄儿童，你可以让他们用手指触摸土豆表面的浮雕，在他们的手上留下印记，再让他们尝试在纸张上盖章，从而锻炼手部腕部运动。

79

倾倒液体和固体

不同形状材质的各种容器，不同形状材质的各种玻璃瓶，用于转移的材料，
如大米、豆类、面粉、通心粉、沙子、鹅卵石、松果、榛子、橡子、栗子、瓶盖、液体。

活动目的

这是一项非常重要的手眼协调活动，因为它有助于孩子培养良好的肌肉控制能力，校正他们的动作，准确持握细薄的物体，为手部书写进行训练。

活动方案

完成倾倒活动，可以使用大小不一的各类物品，浓稠不限，固体或是液体皆可，可以借助形形色色的容器。使用不同厨具、器具转移材料时，孩子们有机会掌握这些用具的工作原理，学习如何使用工具移动材料又不会洒落溅出。最好从简单的抓取工具入手，随后进一步使用钳子之类更复杂的工具。建议大家在初期坚持使用中等大小的物品。一旦协调能力得到改善，就可以提议使用小一些的物品。建议始终从左到右转移物品，因其与书写的方向一致，这一点成为该活动的长项。将各种材料放在孩子面前，向他们演示如何将物品或液体从一个容器转移到另外一个。让他们观察某些材料在倾倒过程中洒落溅出的处理方法，以及如何清理溢出物。

准备食物的过程中有众多练习转移活动的良机，让孩子把炸肉块、水果沙拉块、待煮的通心粉及蔬菜汤移到锅中或盘内；

让他们用夹子将肉或蔬菜放入锅中，舀出冰淇淋，倒入磨碎的奶酪，等等。

对低龄儿童来说，这也是一项很不错的活动，他们可以只用双手完成活动，先尝试控制汤匙，接下来是茶匙，最后是夹子。

81

制作水果彩虹

活动材料

六个小碗，两个木扦，两个草莓，两块橙子，
两片香蕉，两片奇异果，两个蓝莓，
两个紫色葡萄，一幅彩虹图。
可以根据喜好选择不同的水果；
重要的是要选择这些颜色，红色、橙色、黄色、
绿色、蓝色和紫色。

活动目的

学习颜色的最佳方法是，尝试将颜色
与水果之类的实物建立联系。在该项活动
中，孩子很容易学会彩虹的颜色，同时锻
炼精细的运动技能。

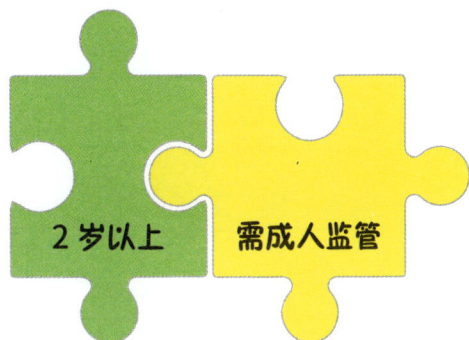

活动方案

你可以利用吃茶点的机会，建议孩子制作彩虹色彩的水果串。在孩子面前放置一个托盘，摆放盛装水果块的碗和木扦。在托盘旁边放一张彩虹的照片或图片，然后开始自上而下描述彩虹的颜色。接下来重复说出第一种颜色，寻找对应颜色的那块水果，"草莓的颜色是红色"，把水果固定在木扦上，教孩子如何把扦子的尖端插入水果的果肉里。随后把水果串递给孩子，让他们继续制作。

对于低龄儿童，你可以握住木扦，让孩子插上水果片。

识别声音

18 个月以上　**需成人监管**

难度等级：低

活动材料

六只金属罐，一个眼罩，一把种子、黄豆、鹰嘴豆、鹅卵石、玉米、大米、通心粉，以及你找到的任何材料，这些材料在容器内摇动时能产生各种妙趣横生的声响。

活动目的

此项活动亦能刺激孩子的感官，这次事关听觉，同时练习听觉辨别力、选择性注意力、听觉记忆和词汇。

活动方案

此项趣味活动要与孩子一起完成。向孩子展示你选择的物品，将其分别放至 6 个容器中。接下来逐一取过容器，告诉孩子罐内材料对应的单词，例如"黄豆"，摇晃容器 3 次，让孩子听听物体发出的声音，可以这样说"听一听这个声音，这是黄豆"。各种声音都听完后，给孩子戴上眼罩，告诉他们凝神关注自己听到的声音，告诉你这是哪种材料。

对于大龄儿童，你同样可以把握这个机会，一起描述声音，这些声音是尖锐、低沉、响亮、柔和、是长是短，借此提升词汇量，再敦促他们使用这些词，去描述自己在游戏中听到的声音。

另一方面，低龄儿童只是使用容器，摇晃容器，创作自己的音乐。你要从旁进行监督，以免他们将小碎片塞进嘴里或鼻子里。

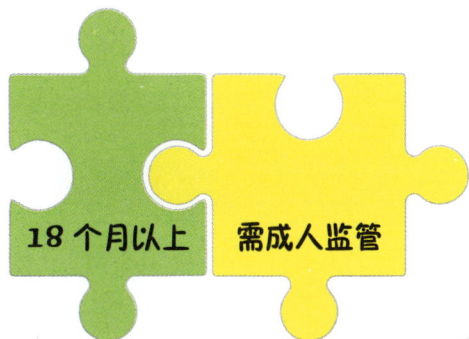

你可以使用其他物品，重复开展该活动，甚至可以使用乐器，例如发出不同声响的铃铛。

用活动面板进行学习

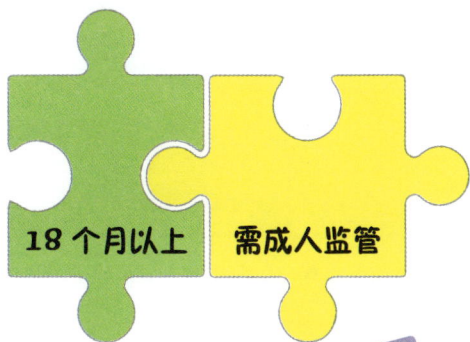

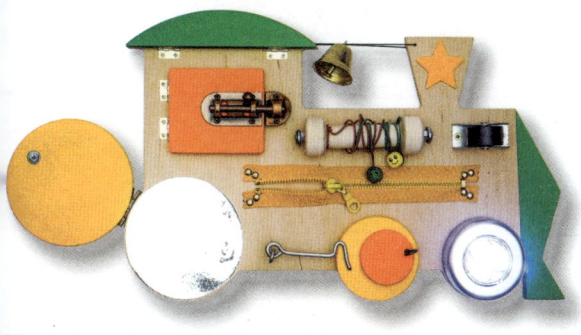

18 个月以上　需成人监管

难度等级：低

活动目的

以特定的方式锻炼精细运动技能，锻炼动作的精确度，激发专注力和解决问题的能力。

活动方案

你可以在玩具店购买一块现成的面板，或者自己简单制作一个。你所要做的就是将所有微缩物品粘在一块木板上，需要完

活动材料

一块木质活动面板，木胶，铰链，门铰链，细绳，插销，挂锁，闭合开关，按钮，电铃按钮，门环，小铃铛，轮子，水龙头，扣眼和纽扣，布料，以及任何家中现有、五金店、杂货店或干货店有售的微缩物品。

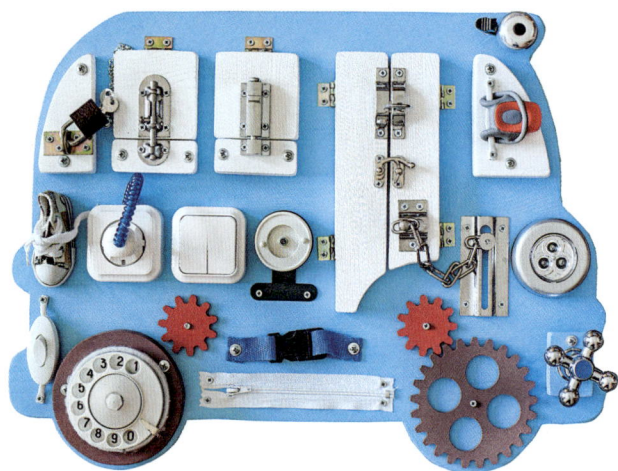

成手工活动，如开合、拧松、挂钩、穿插、旋转、穿线，等等。你还可以根据孩子的发展阶段和兴趣爱好变更对象。

　　将面板放在孩子面前的桌子上，让他们随意自行尝试不同活动。在好奇心和兴趣驱使下，孩子可能会为细绳、挂锁或铰链所吸引；他们会想要开合小窗户，或是滑动一个小螺栓。让他们自行学习如何使用不同的材料，只在他们提出要求时才进行介入，以身示范。让他们反复重复自己的动作，如果他们犯下错误，不要予以纠正。通过各种积极尝试，孩子能够巩固自己所学的知识。根据孩子的发展阶段，有些活动可能比其他活动难度更大。不要催促他们，孩子会顺理成章地自行使用活动面板。

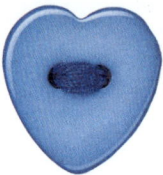

实用生活体验

自己洗手

肥皂块或液体肥皂，水盆，水壶，毛巾。

活动目的

洗手活动是孩子要学会的最重要的日常个人卫生活动之一。

活动方案

首先，有必要向孩子演示洗手的方法。在孩子面前从左至右摆放一块肥皂或液皂

92

在一天中固定几个时间段，孩子必须每次都在这些时间段洗手，洗手就成为日常习惯，孩子自己也会记得去洗手。

盒、一个水盆、一壶温水和一条擦手毛巾。将温水倒入盆中，浸湿双手，拿起肥皂开始在双手之间揉搓。再将肥皂放回原位，双手继续相互揉搓。口述各项步骤，缓慢进行每一个动作，以便孩子能够看清楚。大约一分钟后，将手伸入盆中，洗掉肥皂。双手看上去干净整洁后，抖动几次甩掉水滴，再拿起毛巾擦干。现在让孩子依次重复你的动作。

一旦孩子学会怎样洗手，你就可以继续进行活动，用水槽代替水盆，让他们站在凳子上够到水槽，在水槽内洗手，再打点肥皂，孩子便能在水槽中洗手。有必要让孩子观察洗手后水的颜色发生变化的过程，因为这样做可以让他们感知到污垢只是暂时留存。在孩子够得着的地方挂一条毛巾，这样他们就可以自己擦干手。我们还可以让孩子洗完手后闻一闻双手，这样他们就能闻到洗净的手上有肥皂的味道。

自己刷牙

牙刷，牙膏，一个水杯，一面镜子，一瓶水，一条毛巾。

活动目的

刷牙也是一项重要的个人卫生活动，孩子必须学会每天刷牙 3 次。

活动方案

这种情况同样要先从示范必要流程入手，在孩子面前慢动作刷牙。接下来让他们和你一起做。在孩子面前摆好活动材料，开始刷牙。将杯子装满水，放在孩子的右侧，再拿起牙刷，孩子感觉用哪只手更舒服，便让他们用哪只手握住牙刷，另一只手挤点牙膏，必要时可以在你的协助下完

难度等级: 低

18 个月以上　需成人监管

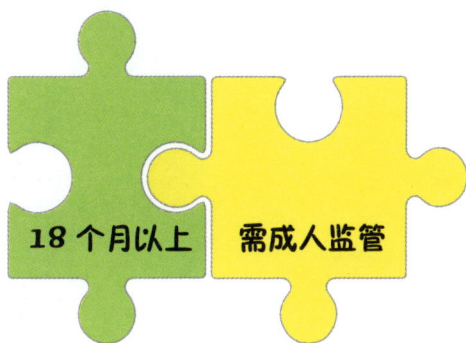

成。准备好牙刷，一起刷牙。转身面向镜子，边刷牙边看着镜中的自己；孩子也要这样做。你可以用一个小沙漏来计量刷牙用时。刷完牙后，冲洗杯中的牙刷，将其放回原位，再冲掉嘴里残余的牙膏，用毛巾擦干嘴。向孩子解释刷牙对保持清洁和健康的重要性。要记得确定刷牙的固定步骤，这样孩子或许能学会自己刷牙。

95

自己穿衣

2 岁以上　　需成人监管

难度等级: 中

---⊙ 活动材料 ⊙---

夹克，带纽扣和扣眼的衬衫，带按扣的针织衫，裤子，
拉链运动衫，T 恤。

活动目的

孩子获得满足感的主要原因之一就是
能够自己穿衣，这是一项复杂的活动，要
求做到手眼协调，规划连续动作，动作敏
捷及了解身体结构。

活动方案

衣服不同，穿戴动作也不同。可以自
己脱衣，也可以在他人帮助下穿衣，让孩
子从尝试这些动作入手。还要让他们练习
拉拉链和系解纽扣。将未系扣的衬衫摊在
桌上，让孩子在扣眼处系解纽扣，或是开
合按扣。口头解释每个动作的同时，放慢
动作，向他们演示如何完成动作。拉拉链
也要进行同样操作。接下来让他们自己穿
衣，用不同的衣服加以练习。

运动衫：要穿运动衫，先将其放在桌
上，正面朝下，衫底对着孩子。抬起孩子
的手臂，为他们套上运动衫至领口处。再
让他们把胳膊伸入袖子，最后伸出头。

虽需进行一些练习，但该活动能带给
孩子极大的满足感！

裤子：将裤子垂直放在地板上，让孩

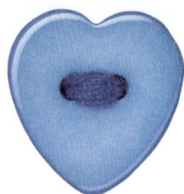

子赤脚向下插入两条裤腿。此时，你只需弯下腰，抓住裤子的边缘，向上拉起，你的任务便完成了。先从柔软的裤子入手，这样的裤子穿起来更轻松。

夹克衫：穿夹克衫时夹克内侧朝上，领口挨着孩子。让孩子向前屈身，头朝下，双臂伸入衫内。接着手臂上抬拉起夹克衫，在孩子身后轻推其双臂，于是夹克衫可以掠过颈部，贴在背部。逐步描述该过程，多次向孩子演示如何完成该动作。

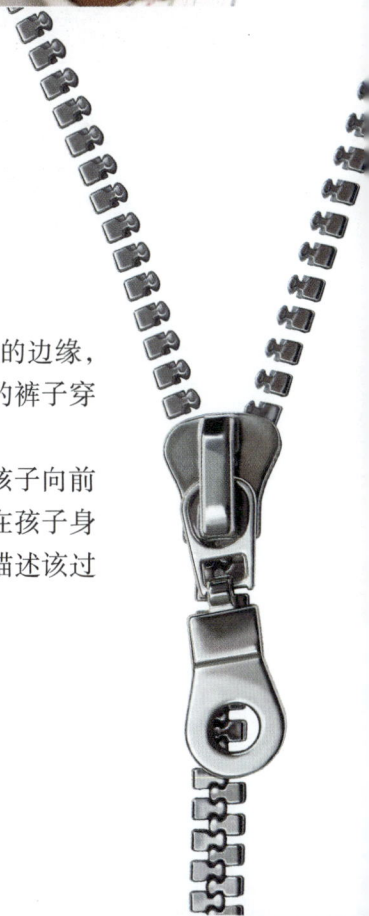

袜子配对

六双不同颜色的袜子。

活动目的

此项活动培养视觉识别能力，锻炼精细运动技能。

活动方案

将袜子随意收纳起来。拿起任意一只袜子，描述其颜色，举个例子"蓝色的袜子"。拿起另外一只袜子进行同样操作，再将其放在上一只袜子旁边，于是袜子摆成一排。告诉孩子一定要找到相同颜色的两只袜子。每次遇到一只袜子与前面一只袜子颜色相同的情况时，不要将其放在某一侧，而要放在配对的袜子上。最终你就有6双袜子。

100

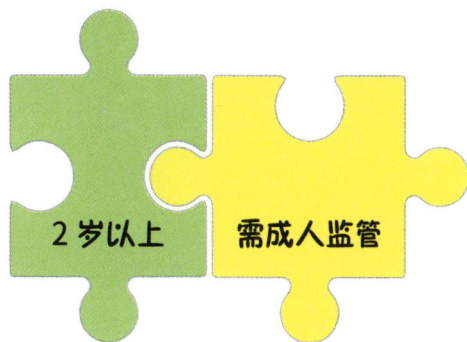

让孩子尽享寻找袜子配对的乐趣，也可以建议使用不同图案的袜子进行配对。低幼儿童只需将袜子排成一排，但是观察到你为袜子进行配对，一旦时机成熟，他们就会开始模仿。

3 岁以上的孩子也可以学习如何叠袜子。要练习这一活动，需先取一双旧袜子，在袜子应折叠处画三条线，向孩子解释他们必须准确地沿着这些线叠袜子。让他们反复尝试该动作。

穿袜子

〜 活动材料 〜

两双短袜，
一双我们穿，一双孩子穿。

2 岁以上　　**需成人监管**

难度等级: 中

活动目的

穿袜子的动作相当复杂, 对眼手协调能力及一系列动作中运动技能的应用能力要求甚高。

活动方案

给孩子看一看袜子的结构, 指出脚趾和脚后跟对应的部位。坐在地板上, 你面前放上一只袜子, 开口面向自己。用手拿起袜子, 撑开袜口, 将脚趾伸入袜内。保持袜口张开, 一只脚插进去, 前行至袜头处。提起袜子便大功告成。一边执行动作, 一边大声解释各项动作内容, 动作缓慢, 姿势到位。接下来让孩子试穿; 反复尝试, 他们便会找到自己穿袜子的方法。

系鞋带

2 岁以上　　需成人监管

难度等级：中

⌒∽ 活动材料 ∽⌒

一个木质框架或一个鞋盒，一块布，剪刀，两条不同颜色的鞋带。

活动目的

系鞋带需要精细的手眼协调能力、精准的肌肉控制力、专注力及规划一系列动作的能力。这项活动非常复杂，虽然可以早早加以练习，不过还是 3 岁左右开始为宜。

活动方案

有必要让孩子在衣饰架上练习系鞋带。衣饰架也可以在家中制作，用一个木框架，在上面铺一块布，然后穿两排平行孔。孩子必须将鞋带穿过孔。通过这种方式，他们学会整个流程，穿鞋带、打个结，最后系蝴蝶结，轻松地加以练习。也可以拿一个鞋盒，盒底朝上，在盒内钻两排孔，穿鞋带过孔。用一个鸡蛋盒或一卷卫生纸，你可以完成相同的活动。

选择两条不同颜色的鞋带，这样孩子就可以分辨出哪条是左脚鞋带，哪条是右脚的。首先向孩子演示流程，大声解释各个步骤，再让孩子重复动作。一旦孩子完成了训练，你就可以让他们在自己的鞋子上进行练习。

尝试将鞋带穿过孔，低龄儿童也能乐在其中。

涂抹果酱

活动材料

面包片，圆头小刀，汤匙，罐装果酱。

活动目的

涂抹果酱这项活动培养手眼协调能力、精细运动技能和专注力。这一活动要求调整刀具挤压面包片的力度，运送果酱不会掉落，具有平衡能力和良好的协调性。

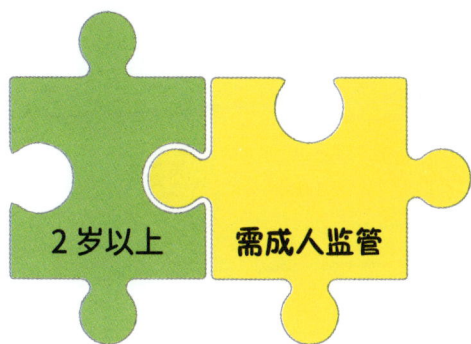

活动方案

将一罐果酱、一个汤匙、一片面包，一张清洁剩余食物的餐巾纸，在孩子面前一字排开。向孩子演示如何在勺中填满果酱，把果酱轻轻涂在面包上。让他们重复这一动作。接下来拿起圆刀，向孩子演示如何用自己非惯用的那只手拿着面包，用另一只手从左到右将果酱轻轻涂抹在面包上。完成这项活动后，孩子可以吃掉三明治，所以可以选择他们喜欢的果酱。

随后，你重复相同流程涂抹干吐司和饼干，这两种食物类型更难处理，因为其表面更薄更易碎。因此，你必须教孩子注意到，涂抹果酱时刀具挤压吐司或饼干的力度大小，这样他们就能学会调整力度。

衣物放入
洗衣机及晾挂

收纳脏衣服的篮子，洗衣机，洗涤剂，塑料杯或罐子，汤匙。

活动目的

让孩子参与日常生活活动，可以帮助他们培养安全感，造就对自我能力的自信心，建立逻辑观。通过洗衣服活动，孩子们切身体会到衣服从脏到净的转变，通过估量洗涤剂的用量锻炼双手灵巧性，学习为达到目的如何按流程行事。

活动方案

首先，让孩子知道家里准备了篮子，让他们收纳脏衣服，这一点非常重要。一个篮子给孩子用，一个给父母用。

接下来，教孩子用肥皂清除污垢，和我们洗手的做法一样。然后，你可以尝试向孩子展现化污为净的过程，取一块手帕，用马克笔在上面画一个小点，再演示用马赛皂之类的洗衣皂擦拭，使污渍消失不见的过程。让孩子在污渍处擦肥皂，这项活动非常有趣，有助于发展他们的精细运动技能，训练他们的腕部动作。最后，在一盆清水中洗掉手帕上的肥皂。随后，让孩子留意变化，手帕干干净净，污渍消失不见，清水变混浊。

清洁的方法一经示范，你便可以介绍洗衣机的功用。你可以这样介绍，将衣服和洗涤剂放入这台机器中，它就可以自行冲洗衣物，从而清除污渍。

带上脏衣服收纳篮和你的孩子来到洗衣机前。一次一件将衣服放入洗衣机；开始时你自己先这样做，然后让孩子继续下去。拿起杯子，让孩子倒入一匙洗涤剂，或根据需要洗涤的衣物多少，决定需要倒入的剂量。

现在让孩子轻轻地将洗涤剂缓缓倒入洗衣机的相应容器中。向孩子解释，洗涤剂倒入时是液体状，在洗衣机运行时会溶于水，浸入衣物中。

为 2 岁以上的孩子演示按键按下的顺序，同时解释每个按键的功能。

向孩子具体说明，要想清洁衣物，他们需要决定洗涤用水的温度。接下来让孩子记住动作的顺序，提醒他们清洗手帕的步骤，倾倒皂粉，在污渍处揉搓，冲洗干净，这些他们已经做过，所以也要将皂粉倒入洗衣机内，程序设定水温，确定洗衣机皂液浸泡和漂洗衣服的用时。此时，你可以开动洗衣机，提示孩子洗衣机洗涤时会发出噪音，让他们通过盖门上透明窗观察衣物搅拌，以便他们进一步了解洗涤进程。

洗涤完成后，让孩子把衣服从洗衣机中取出，放在盆内。让孩子眼观鼻嗅，这样他们可能会注意到衣服的清洁程度，从而强化对清洁的认知。此时已经做好晾挂衣服的准备。

对于低龄幼儿，你可以只让他们帮你将衣服放入洗衣机，倒入洗涤剂。

要想晾挂衣服，孩子必须学会如何开合衣夹。给他们一篮衣夹，让他们练习将衣夹夹在篮子边上的活动。向他们演示如何用指间挤压衣夹，轻轻按压将其打开。

一旦孩子熟悉了这一操作，就让他们挂一些普通衣物。你可以在两把椅子之间拉一根绳或尼龙线，这样就达到孩子的身高。递给孩子手帕、餐巾、围兜、内衣和袜子，让他们晾挂起来。向他们演示一遍操作方法，拿起一只袜子，用一只手将它压在绳上；用另一只手，也就是惯用的那只手拿起一个衣夹，打开衣夹夹在袜子上，将其固定在绳上。自始至终解释你的每一步操作。现在让孩子一次次尝试，直到他们活动协调，动作精准。

削铅笔

∽ 活动材料 ∾

两支卷笔刀，
两支未削尖的铅笔，
两张纸。

活动目的

削铅笔这项任务简单快捷，用时少，不过要求多项精细运动技能和手眼协调能力。

活动方案

将卷笔刀放在孩子左侧，铅笔放在他们右侧的纸上。向孩子解释你准备怎么做，具体说明卷笔刀这个东西必须小心使用，因为它有刀片，是切削用具。首先，演示如何削铅笔，放慢动作，大声进行解释。在你这么做的同时，也让孩子试着削铅笔，这样他们就可以细致观察你的动作，加以模仿。用一只手牢牢握住卷笔刀，用惯用的那只手将铅笔插入孔中。解释清楚按压动作要轻，然后将铅笔沿卷笔刀片反向转动，这样铅笔尖便削尖了。孩子一看到卷笔刀中刨花初现，他们马上就会明白自己动作正确，会重复该动作。然而，如果铅笔只是一圈又一圈地旋转，那么他们就会明白自己的动作出了错。

最后，将铅笔从卷笔刀中拔出，抖一抖，就会看到刨花落在纸上，这样孩子就会意识到铅笔的状态发生了变化，现在铅笔有了笔尖。你可以用不同颜色的铅笔重复进行该动作。

难度等级：低

清洗沙拉原料

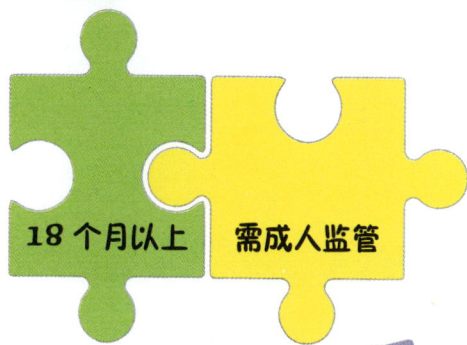

难度等级：低

活动材料

生菜，滤锅，沙拉袋，沙拉搅拌机，沙拉碗。

活动目的

我们介绍另外一项孩子可以参与的日常生活活动，可以培养精细运动技能，规划连续行动的能力。

活动方案

此项活动非常简单，一旦我们向他们演示做法，孩子甚至可以轻松地自行完成。取一颗生菜放在一只盘上，在孩子的右侧放一个袋子和一个滤锅。沙拉搅拌机和沙拉碗放在靠边的位置。向孩子演示如何一只手拿着生菜，另一只手拿着叶子，与此同时扯去生菜外层的叶片。把最外层不宜食用的叶片放入袋中，其余叶片放进滤锅。让孩子重复该动作。叶片全部扯下，就用流动水进行清洗，向孩子演示如何仔细清洗叶片，除去污垢残留。

让孩子重复这一操作。最后，将叶片放入沙拉搅拌机中，让他们观察如何操作机器。自行快速旋转沙拉搅拌机，孩子会乐在其中。让孩子注意旋钮旋转角度对应的甩水量。将沙拉放入沙拉碗中。

剥豌豆和剪四季豆

难度等级：低

活动材料

一盘带豆荚的豌豆，一盘生四季豆，
一个杯子，一个滤锅，
可能还要一把剪刀。

活动目的

此项活动非常实用，因为它涉及精细运动技能和手眼协调能力。

活动方案

如果是豌豆，将装有一盘豌豆的托盘放在孩子面前，旁边放一个杯子。拿起一个豆荚，向孩子演示如何拉动上面的细丝，剥开豆荚，接下来是如何剥去豆荚壳，豌豆一颗颗落入杯中。豆荚留在托盘里，待流程结束时丢掉，或者另作其他菜肴。

如果是四季豆，将装有一盘四季豆的托盘放在孩子面前，旁边放一个杯子和漏锅。拿起一个四季豆，向孩子演示如何折断豆荚末端，再将其放入杯中，把四季豆放进滤锅里。让孩子重复这一操作。他们可能动作不准确，可能无法将四季豆全部清理干净，你要接受这一事实。捏起四季豆豆荚，握在拇指和食指之间，用力折断要丢弃的一段，重要的是他们进行这一练习。你也可以使用一把小剪刀重复该活动，用剪刀剪断豆荚末端，以训练孩子使用剪刀的方法。工作完成后，将四季豆放在水中洗干净，然后放入锅中。吃到自己亲手准备的四季豆，他们会非常开心！

切水果

~⟡ **活动材料** ⟡~

香蕉，一把圆刃刀，梨，苹果，柠檬，一把尖刀。

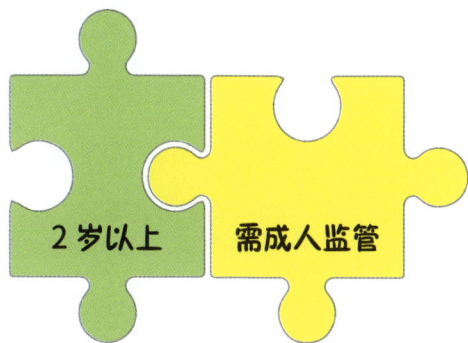

活动目的

切水果活动锻炼精细动手能力，控制手部腕部动作，协调手眼动作。

活动方案

先准备一把圆刃刀，比如用来切奶酪或涂抹黄油的刀具，孩子操作起来非常安全。开始活动之前，向孩子解释刀具的使用方法，以便他们学会如何小心使用，因为刀具可能具有危险性。在孩子面前放一个托盘，上面摆放无核水果，香蕉就很合适。刀放在他们身侧。向孩子演示如何手握刀具，切出香蕉的果肉，以便制作香蕉片。让他们沿着整根香蕉重复该动作。

对于大龄儿童，你可以重新进行该活动，使用不同结构的其他水果，如梨、柠檬、苹果。这种情况下，你应该使用一把尖刀。始终做到先让孩子看怎么做，再让他们重复操作；稍加练习，他们就会在腕部运动中形成良好的协调性。孩子一旦熟悉该项活动，你可以建议使用其他厨房用具进行操作，例如苹果去核器。你可以和他们一起准备水果沙拉，自己准备的食物，孩子吃起来会心满意足。

剥洋葱和大蒜

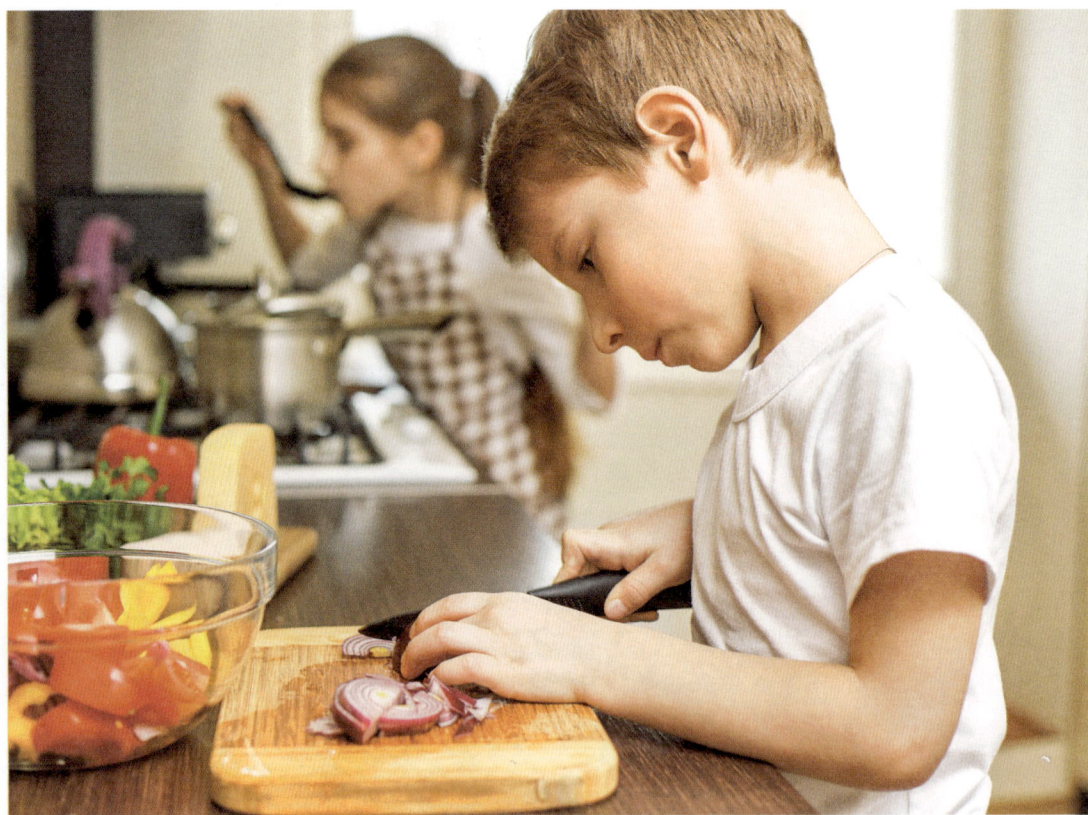

活动材料

一个碗装洋葱，一个碗装大蒜，一个空碗，一把小刀和一个砧板。

活动目的

洋葱和大蒜的皮很薄，必须小心去皮；因此，这项绝佳的练习能培养精细运动技能和手眼协调能力。

活动方案

材料摆放在孩子面前，碗放在他们的

120

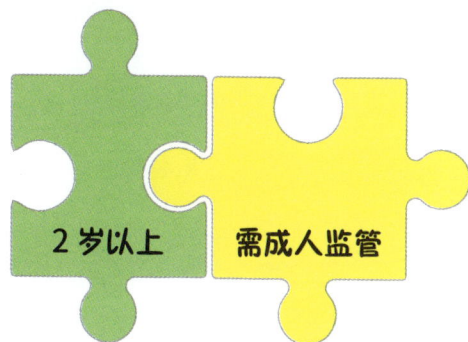

左侧，作为孩子工作台的砧板放在他们的右侧。向孩子演示做法，取一颗洋葱，在其上切出一个楔形。随后向他们演示如何轻轻除去干皮，因干皮会碎裂，所以必须小心地剥除所有残留物。接下来取一头大蒜，向孩子演示做法，切掉大蒜头，分离蒜瓣。再让他们除去蒜瓣皮。

大龄儿童甚至可以剥除洋葱皮和蒜瓣皮，将其切成薄片。提醒孩子接触这些食物后要洗手。

磕蛋打蛋

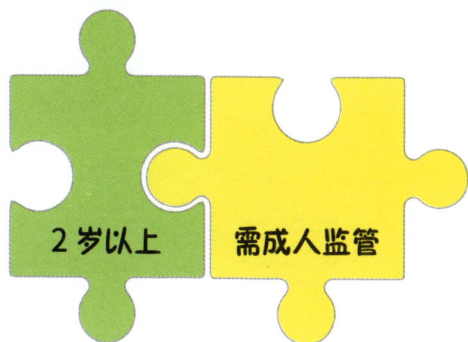

难度等级：低

2 岁以上　需成人监管

꧁ **活动材料** ꧂

一只盛放三个鸡蛋的碗，一只空碗，一只高沿碗，一块用于清理蛋液的海绵、一个打蛋器或一只叉子。

沿圆周打蛋。事实上，这项活动很好地锻炼了腕部转动的能力。

接受孩子会犯错误及遇到问题的事实，因此让他们反反复复进行尝试。

活动目的

此项活动相当复杂，因此成为一项绝佳的运动，锻炼腕部手部，形成手眼协调性，控制力度，提高运动手势的准确性。这些家务活非常重要，为日后写字和使用钢笔进行训练。

活动方案

向孩子展示的材料有序摆放在托盘上，从左到右按照使用顺序排列。有必要向孩子解释鸡蛋这种食品的美味，鸡蛋易碎，是必须小心处理的易损食物。这意味着孩子必须学会调整自己手部活动的力度及姿势。取一个鸡蛋，轻敲大碗的边缘，孩子会看到鸡蛋出现裂纹。让孩子观察蛋壳上如何产生裂痕。蛋清一经倒空，掰开蛋壳，将壳内蛋液倒入碗中。接着把蛋壳扔进空碗。让孩子用剩下的鸡蛋重复你的动作。所有的鸡蛋都打入碗中时，你便可以用打蛋器打蛋。向孩子演示做法，将碗倾斜，手腕转动打蛋器或叉子，一直顺同一方向

烘焙饼干

～∽ **活动材料** ∽～

250 克面粉，125 克黄油，99 克蔗糖，一个鸡蛋和少许盐，曲奇刀，烧杯，擀面杖，
铺有烘焙纸的烤盘，一条茶巾，一条烹饪围裙。

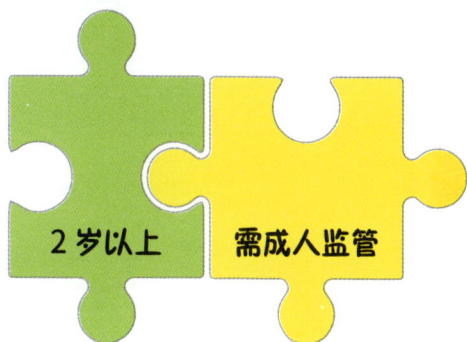

2 岁以上   需成人监管

活动目的

此项活动非常复杂，可以锻炼各种精细运动技能和能力，以及为实现目标规划行动的能力。

活动方案

烘焙饼干的食谱数不胜数，因此我们选择了一个简单快捷的食谱。使用一张宽大的桌子，孩子站在你的身旁。将称过重的食材放在桌上，按照使用顺序摆放。拿出面粉倒在桌上，让孩子做你的帮手。接下来，让孩子将食材逐一拿起，加入面粉中。最后，让他们磕开鸡蛋并全部倒入面粉中。揉搓的运动非常耗力，从这一动作入手来演示制作方法。随后让孩子用自己的小手揉捏油酥面团，享受其中的乐趣。最后，把面团揉成一个圆球，盖在茶巾下醒发大约一个小时。同时，让孩子洗净手，帮你制订工作计划。一小时后，在油酥面团上滚动擀面杖。这个动作孩子也可以做。取几把曲奇刀，或者可以切削的玻璃杯，让孩子在油酥面团上切出几种形状。将所有饼干放在烤盘上，再放入烤箱，在 356°F 的温度下，约合 180°C，烘烤约 15 ~ 20 分钟。烤好后，进行冷却，根据自己的喜好进行装饰。

此项活动低龄幼儿也可参加，18 个月以上的幼儿即可参加，只需根据孩子的水平调整活动。举个例子，他们或许可以在案板上撒点面粉，传递盛放食材的碗，或者将曲奇刀压入面团。

布置餐桌

◦~∿ **活动材料** ∿~◦

盘子，杯子，银器，一张 A3 大小的白纸，签字笔。

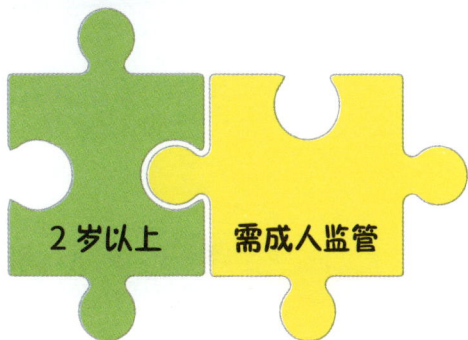

活动目的

此项活动教授如何执行复杂的动作，形成左右的认知，增加他们的词汇量，练习记忆力和手眼协调。

活动方案

要想布置餐桌，孩子应先行学会单个物品对应的单词，至少学会了盘子、玻璃、刀和叉这些单词，这一点非常重要。首先，拿一张 A3 大小的纸，上面画出物品的形状，中间是盘子，左侧是叉子，右侧是刀，顶部是玻璃杯。摆放餐具和盘子之前，将绘制图放在桌上。拿起盘子，让孩子注意其形状，扶着他们的手指沿盘周环一圈，再沿图中的盘子形状环一圈，证明二者一模一样。接下来将盘子放在绘制图上，让孩子继续处理餐具。孩子必须将实物的形状与绘制物的形状进行比较。此外，让他们大声说出绘制图上所摆放餐具的名称，以强化他们对词汇的理解。随后，你可以在绘制图上添加其他物品，例如一只舀水果的汤匙、一个玻璃杯或是两个叉子。下一步你可以要求孩子布置餐桌，身边摆放绘制图，这样他们就不必再将物品放在绘制图上，只需以图纸为模型。

对于低龄儿童，你可以先让他们辨认餐具，再让他们看着你将餐具摆放在绘制图上对应形状的位置。

户外活动

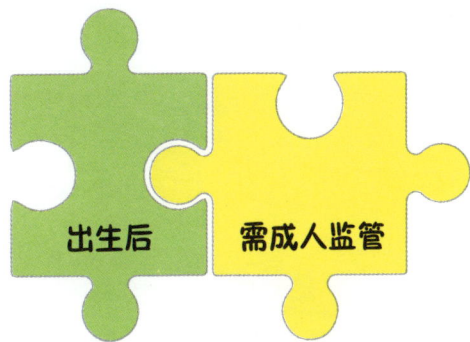

难度等级：低

出生后　需成人监管

探索大自然

挖掘材料，放大镜，笔记本和铅笔，相机。

活动目的

接触大自然的体验和生活是 360 度全方位的感官体验，提供机会感受听觉、触觉、视觉和味觉刺激，以及精细和常规动作兼习的其他良机。孩子学会理解遵守秩序、保持安静、有耐心、不去干扰其他生物的意义，体会时光流逝及变迁的意义。

活动方案

在大自然中可以体验到形形色色的事物，所以在此向大家提几条建议。花点时间走出家门，散步在公园里，漫步路上，探索一座花园，参观菜园或农场。

不要匆匆忙忙，花些时间探索环境，

孩子可以直接感受鲜花、湿润的小草、泥土、植物散发的气息；屏声静气，聆听虫鸣雨落的声音，聆听风过绿叶沙沙作响；感受树叶、树干和土壤的构造，品尝一下浆果、刚刚采摘的苹果、新挤的牛奶，等等。视季节而定，你可以去公园走走，或是去附近的森林采集橡子、枝条、石头和松果。根据预先选择的标准，例如特定颜色或形状的所有事物，你可以在大自然中寻找这些事物；你可以观察一朵花的构造，收集不同形状的树叶，收集五颜六色的、大大小小的石头。

你还可以利用户外空间进行运动，如攀岩，在石子路上保持平衡，玩追逐游戏，或在草地、沙滩上滚来滚去。

133

即使在阴天，也不要担心带孩子来到户外，让他们去体验各种天气状况。有一点非常重要，他们着装要适宜。

如果你愿意，可以给孩子一个放大镜，让他们用来近距离探究观察树叶脉络，在劳动的蚂蚁，或是构成土壤的元素。你还可以给他们一架相机，用来捕捉吸引他们的画面，或是给他们一个笔记本，在上面画出他们感兴趣的实物。

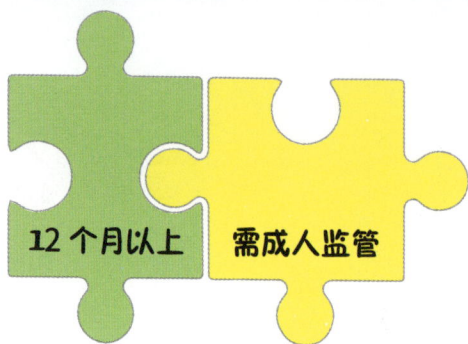

12 个月以上　需成人监管

难度等级：低

活动材料

清洁儿童小脚丫的湿巾。

活动目的

刺激孩子的感官发育。

活动方案

让孩子去尝试新的感观体验，接触大自然。

选择感觉舒适的环境，例如园中草坪、沙滩或是鹅卵石铺就的小路。脱掉孩子的鞋子，让他们自由漫步。用一片草叶轻触他们的脚丫，再换用一块石头，问一问他们有何感觉。任由他们弄得脏兮兮，在硌脚的路面上踮起脚尖，踩在柔软的草地上放松脚板。准备一次小小的感官之旅，坚硬、粗糙、寒冷、柔软、温暖，各种路面任孩子行走。随后，让孩子描述自己脚部的感受，这样他们就可以学会关注自己的感受。

赤脚行走

初次接触户外动物

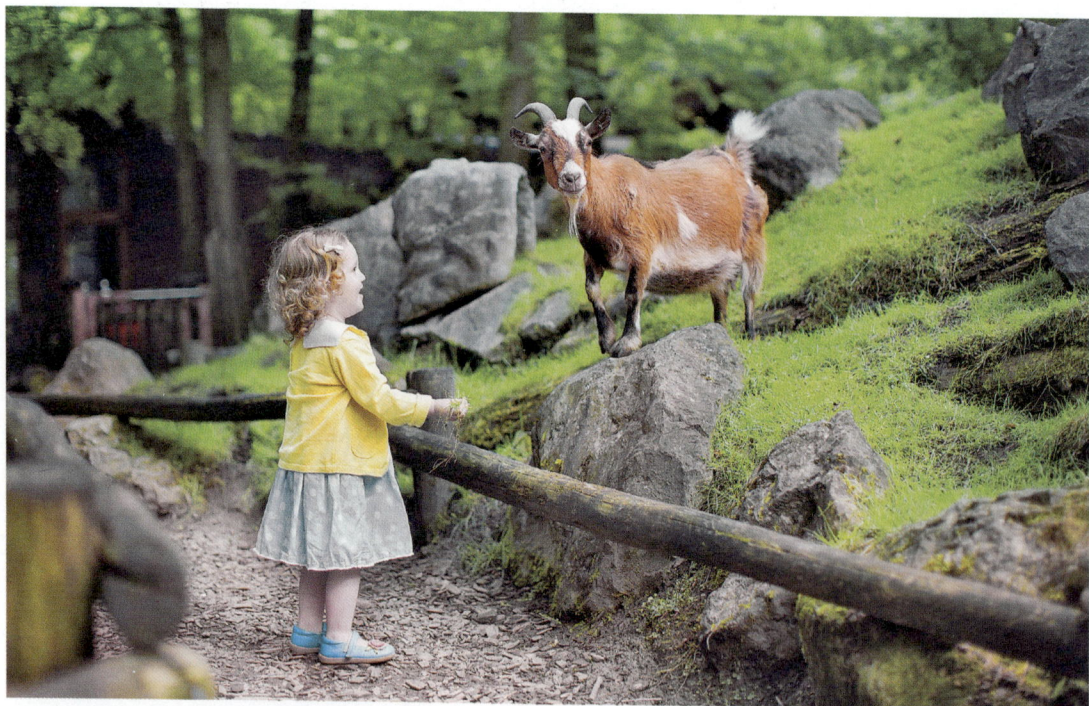

活动材料

动物主题的插画书籍或动物照片，相机。

活动目的

儿童从小就学会欣赏动物，这一点非常重要，因为通过接近动物，儿童学会保持敬意，放慢脚步，压低声音，不要干扰想要喂养的动物。此外，这是一个机会，能扩大词汇量，学习动物及其身体各部位的相关词汇。

活动方案

接触动物的机会可能是偶遇，也可能是你有意创造。每当机会出现时，干脆停下来，观察一下我们周围的动物，如树上的麻雀、长凳上的鸽子、路边的猫、和主

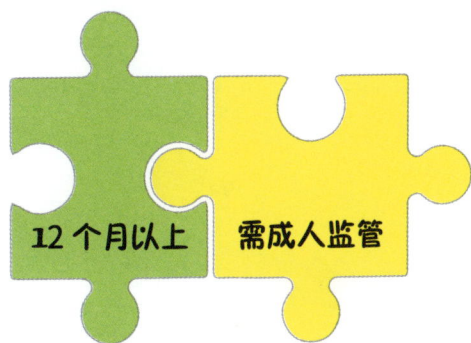

人待一起的狗、池塘里的鱼等，这样做很有必要。让孩子观察动物；教会他们压低声音，放慢脚步，以免惊扰动物。教导他们，如果动物不希望有人靠近，就必须尊重它的意愿。你可以喂食广场上的鸽子，也可以投食池塘里的鱼。你可以参观农场，和孩子先前在书中看到的动物，会活生生出现在眼前。你可以组织一次山区旅行，寻找山羊等当地动物。

对于大龄儿童，你可以拍摄动物照片，随后在家中查找其相关信息，例如它们的出生过程、饮食习惯及某些有趣的生活方式。如果你有幸与宠物一起生活，那么请主动让孩子参与照顾动物。从小学习照顾另一种生物，这是一种学习尊重和激发同理心的体验。

寻找蚂蚁

～ 活动材料 ～

一个放大镜。

活动目的

此项活动主要激发观察力、选择性注意力和专注力，教会他们进行预判，有耐心，保持安静，学会不要干扰其他生物。

活动方案

在户外很容易观察到某些动物，蚂蚁便是一例。你可以选择庭院或花园中的一个角落，在那里寻找这些小动物。你可以走出家门，给孩子指定任务，去寻找观察蚂蚁。你可以先让孩子看一些蚂蚁的照片，

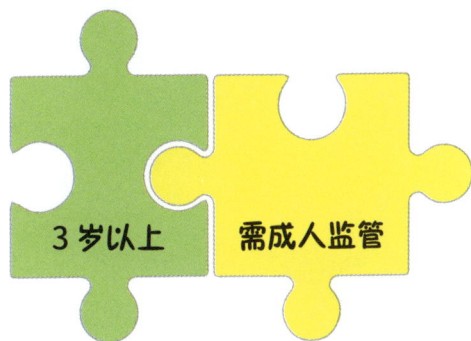

向他们解释蚂蚁的饮食和生活习惯，这样他们可以获得更多的知识去寻找蚂蚁。一旦孩子发现了几只蚂蚁，你可以提醒他们保持安静，观察蚂蚁如何辛勤工作。对于低龄儿童，有必要向他们解释正在观察的内容。接下来，你可以试着在蚂蚁附近放一片面包，观察它们的反应。教育孩子不要干扰这些弱小无助的动物，不要妨碍它们工作，怀着好奇心观察它们如何齐心协力进行工作。

寻找四叶草

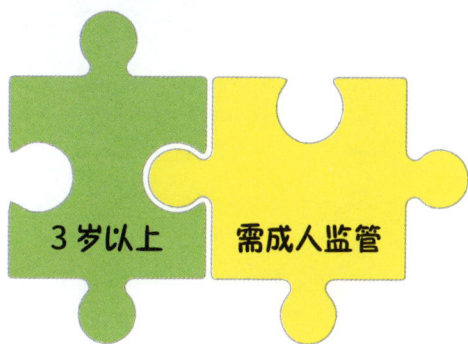

難度等级: 低

3 岁以上　需成人监管

活动材料

一片纸制四叶草，一个放大镜。

活动目的

寻找四叶草是一项极好的活动，锻炼耐心、毅力及孩子的等待能力，因为这项活动要求他们寻找一件罕见的事物。此外，该活动还可以培养选择性注意力，激发观察力和专注力，锻炼视觉识别能力。

活动方案

首先，拍一张四叶草的照片，打印后剪下来，这样孩子就可以仔细看清四叶草的外观及结构；他们可以数一数叶片的数量，将要在大自然中寻找的事物深深印刻在脑海中。接下来带着孩子来到草坪，带上那片纸质四叶草，在周围众多三叶草中找到和它一模一样的四叶草。如果你愿意，可以给孩子一个放大镜，这样他们会更加重视这项活动。

随即告诉孩子找到一片四叶草困难重重，因此需要一点运气。不过也要告诉他们找寻难以寻觅事物的重要性，目标达成就是最好的回报。这种情况下，父母的作用就是支持孩子，因为遍寻不得很快就会令他们心生厌倦，想要放弃，赶快结束活动。这种情

况随时随地都会发生，要接受这一事实。鼓励他们不要放弃，要继续寻找，坚持下去，即使目标难以实现，也要坚持不懈继续寻找，这一点非常重要。通过这项活动，孩子开始在情感上接受，在实现目标的过程中，心怀期冀和保持耐心这些品质助力良多。四叶草迟早会出现。找到后将其风干，保存在相框里，以纪念这次成功。

描绘
大自然

难度等级：低

2 岁以上

需成人监管

❧ 活动材料 ❧

一本笔记本和几张绘图纸，铅笔，橡皮擦，卷笔刀，彩色铅笔，签字笔，粉笔，蛋彩画或水彩画颜料，两把画刷。

活动目的

户外写生大有裨益，主要是因为该活动可以让孩子切身体验自己描绘的现实，而不仅仅局限于屏幕重现，或是印刷品页面展现；他们可以实实在在地触摸，观察事物的细节内容，了解其大小形状。该活动培养观察力及集中持久的注意力，锻炼绘画技巧，完善对事物的认知。

活动方案

选择一个孩子感兴趣的目的地，如公园、花园、道路，建议他们挑选一个引人注目的事物，尝试将其在画纸上重现。举个例子，他们可以从一朵花入手，精准观察花的各个部分，欣赏颜色深浅及花朵大小。孩子可以选择使用自己觉得更顺手的材料，如水彩、铅笔、签字笔，等等。留给他们准备所需的时间，绘画的精确度和完美程度无关紧要。重要的是孩子的观察力和细节注意力，以及绘制、重绘和复制一件作品的耐力。对于低龄儿童，你可以

让他们熟悉颜色和大自然，给他们一把画刷，让他们用水彩在石头或树叶上作画，再将其用作印章盖在纸张上。

户外园艺

难度等级：低

2岁以上　　需成人监管

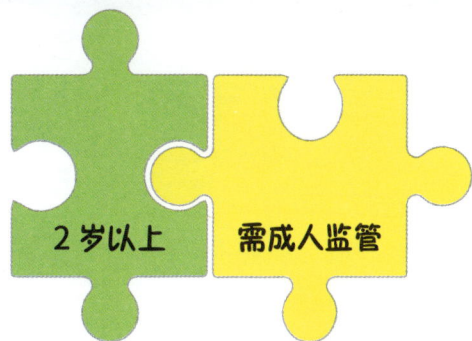

活动材料

一副园艺手套，一个耙子，土壤，一个花盆，一个喷壶，一把铲子。

如何倒水，如何给喷壶装水，如何将喷壶清空。你还可以让他们帮你割草，捡起新割的草叶，聚拢在一起丢掉。这些活动可以在私人花园或是公共公园开展。

活动目的

园艺增强了运动技能，提高精确度，加强对运动和专注力的关注，培养对环境的敬重。

活动方案

孩子们可以进行众多户外园艺活动。此类活动随季节有所不同。例如在秋天，孩子们可以用耙子收集树上落下的叶片。你所要做的，就是为他们提供一个耙子和一个收集树叶的袋子，教他们如何从地上捡起树叶，把它们放在袋子里，再把袋子连同干树叶一起丢掉。其他园艺活动包括重栽植物，让孩子手握土壤，手指插入土壤中，感受土壤的水分及扎根的深度。使用圆形剪刀，他们还可以剪下一株幼苗上的干叶。

稍后，你可以给孩子一点土壤，让他们将其倒入花盆中，播下种子，种下植物。

或者你可以给他们一个喷壶，让他们给各种植物浇水，教他们如何确定水量，

制作"大自然嵌板"

〜◦ **活动材料** ◦〜

三个蛋托，取材于大自然的各种元素，胶水。

难度等级：中

2 岁以上　　需成人监管

活动目的

活动可以提升孩子的好奇心，增强细致观察力；记录他们发现元素的信息；激发词汇库，引入新的专业术语 。

活动方案

取几个蛋托，沿长边粘合起来，制作一个嵌板。使用其前部还是后部由你选择。你可以制作各种各样的嵌板。

你是倾向于将嵌板用于特定主题，例如取材特定地点或季节的自然元素，或相同颜色的自然元素等，还是希望嵌板的元素丰富多样，这一点要确定下来。每次外出时，采集一些自认为有趣的物品，将其放入蛋托中。你可以采集树叶、松果、鹅卵石、橡子、小草、各种花卉、浆果，等等。举个例子，到了秋天，如果想要制作一个"大自然嵌板"，你可以采集形色各异的干树叶、栗子、草地上的鲜花、赤褐色的小树枝、水果种子。你可以取材家中和室外。当你的材料逐渐增多时，你要向孩子传递信息，这些材料是什么及叫什么。让孩子注意材料的颜色、气味和质地。一旦你的嵌板完工，让孩子告诉你嵌板上有什么，让他们重复你传递给他们的名称和信息。

对于低龄儿童，你可以让他们只是帮助你收集元素，将其放在嵌板上，同时享受这些元素带给他们的感官特征。

搭建鸟屋

一个木质鸟屋，或者用于制作鸟屋墙壁的 2 块木板，板厚约 3 厘米，右边长 20 厘米，左边长 25 厘米，这边用于制作倾斜屋顶，板高 15 厘米；一块 20 厘米 X15 厘米木板，用于制作屋前壁，上有一孔直径 2.5 厘米；一块 15 厘米 X 10 厘米木板，用于制作屋底，上有 4 个 0.2 毫米宽的孔；一块 45 厘米 X 15 厘米木板，用于制作屋后壁，最后一块 23 厘米 X17 厘米的木板，用于制作屋顶。木钉，锤子，刷子，油漆。

3 岁以上　　需成人监管

难度等级：高

活动目的

这项活动非常复杂，需要成人的帮助，却是绝好的练习，锻炼双手的高度灵活性，训练设计、积极规划和专注力。

活动方案

如果你想吸引鸟类在你的花园或露台驻足，那么为它们建造鸟屋自然就是邀请它们的好方法。你的孩子会忙着保持鸟屋清洁，重新蓄满水碟，确保为小鸟准备的食物不短缺。

要想确定搭建鸟屋的尺寸，就要找到你所在地区生活的鸟类。首先选择在哪里搭建鸟屋，因为选址的位置必须适合鸟类需要，鸟类这种动物纤弱多疑。因此，要避开经常有人的地方。你可以购买成品木质鸟屋，然后让你的孩子进行粉刷。或者，你可以自己搭建鸟屋，组装的木板尺寸要适合想要饲养的小鸟。考虑在前面钻一个大约5.08厘米的孔，方便小鸟进入，在底部再钻4个孔，可以排水，进行内部通风。你无须在鸟屋中放任何材料，因为鸟儿会提供自己筑巢所需的一切。为了吸引鸟类，在你的花园里放一碗水，一个装有种食的喂食器，然后翘首以待。如果你有耐心，鸟儿就会翩然而至！

拍摄绘制云彩

活动材料

彩色蜡笔，A4 插页式相册，橡皮擦，相机。

活动目的

此项活动深化科学认知，激发观察力，培养专注力，锻炼绘画技巧。

活动方案

让你的孩子熟悉云的意义在于，让他们对周围环境具有敏感性，让他们了解形成云的物理原理，用画作捕捉云彩，或用相机将其恒久记录，借此激发他们的好奇心。先在家中花些时间，看一看插图或摄影书籍中的云，向孩子解释其构成元素，所有的云可能都不尽相同。

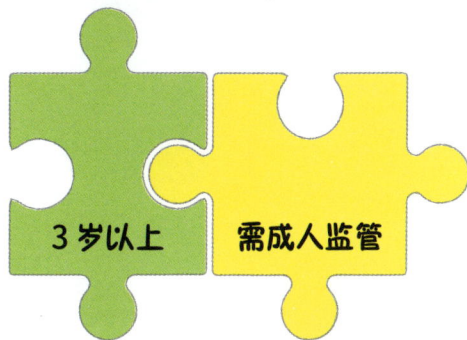

对于大龄儿童，你还可以向他们展示云的种类，详加描述，孩子在现实生活中进行观察，就能识别。

选择流云散布，云朵形态分明且易于识别的日子。让孩子仰望天空，进行观察。当他们找到自己喜欢的那朵云，或是不知何故为其所吸引的那朵云时，提醒他们停下脚步进行绘制，用画笔对实物进行复制。

或者，你可以拍下照片。接下来把所有云的画作或照片放在一个相册中，一同翻看，与此同时试着将某种形状、某种特征及某种普遍意义与每朵云联系起来。

出　品　人：许　永
出版统筹：林园林
责任编辑：陈泽洪
特邀编辑：陈璐璟
封面设计：李嘉木
内文设计：万　雪
印制总监：蒋　波
发行总监：田峰峥

投稿信箱：cmsdbj@163.com
发　　　行：北京创美汇品图书有限公司
发行热线：010-59799930

官方微博

微信公众号